SÍ...
¡de acuerdo!

SÍ...
¡de acuerdo!

CÓMO NEGOCIAR
SIN CEDER

Roger Fisher, William Ury
y Bruce Patton

Traducción
Eloísa Vasco Montoya y Adriana de Hassan

GRUPO
EDITORIAL
norma

http://www.norma.com
Barcelona, Bogotá, Buenos Aires, Caracas, Guatemala, México, Panamá,
Quito, San José, San Juan, San Salvador, Santiago de Chile

Edición original en inglés:
GETTING TO YES, NEGOTIATING AGREEMENT WITHOUT GIVING IN
de Roger Fisher y William Ury.
Publicada con autorización de
Houghton Mifflin Company, USA.
Copyright © 1981, 1991 por Roger Fisher y William Ury.

Copyright © 1985, 1993 para América Latina,
excluyendo México y América Central,
por Editorial Norma S. A.
Apartado Aéreo 53550, Bogotá, Colombia.
Impreso por Cargraphics S. A.
Impreso en Colombia — Printed in Colombia

Impresión, diciembre de 2010

Directora editorial, María del Mar Ravassa G.
Diseño de cubierta, Carlos Cock C.

ISBN: 958-04-2507-8
ISBN: 978-958-04-2507-6

A nuestros padres,
Walter T. Fisher y Melvin C. Ury,
quienes con su ejemplo nos enseñaron
el poder del principio.

| Prefacio a la segunda edición

Durante los últimos diez años, el desarrollo de la negociación como tema de interés académico y profesional ha sido enorme. Se han publicado nuevas obras teóricas, se han producido estudios de casos y se ha emprendido la investigación empírica sobre el tema. Hace diez años, eran muy pocas las escuelas profesionales que ofrecían cursos sobre negociación, mientras que en este momento son prácticamente universales. Las universidades están comenzando a nombrar profesores especializados en negociación, lo mismo que las compañías asesoras, en el plano empresarial.

Frente a este panorama intelectual cambiante, las ideas plasmadas en *Sí... ¡de acuerdo!* han conservado su validez. Además, han recibido mucha atención y aceptación de un público numeroso y son citadas a menudo como punto de partida para otras actividades. Felizmente también siguen siendo persuasivas para los autores. La mayoría de las preguntas y los comentarios se concentraron en los aspectos en que el libro resultó ambiguo, o acerca de los cuales los lectores desean unas recomendaciones aún más concretas. En esta revisión hemos tratado de trabajar sobre el más importante de esos temas.

En lugar de modificar el texto (y pedir a los lectores que busquen los cambios), preferimos agregar una sección con el

material nuevo al final de esta nueva edición. El texto principal
está completo, y no presenta cambios con respecto al original,
salvo en la actualización de las cifras, para correr parejas con
la inflación, y en ciertos cambios de redacción para aclarar
significados y eliminar todo lenguaje que pueda parecer sexual-
mente discriminatorio. Esperamos que nuestras respuestas a las
"Diez preguntas que hace la gente sobre *Sí... ¡de acuerdo!* "
sirvan de ayuda y satisfagan algunas de las inquietudes que han
manifestado los lectores.

Contestamos preguntas relacionadas con 1) el significado y
los límites de la negociación basada en los "principios" (es un
consejo práctico, no de tipo moral); 2) la manera de tratar con
una persona que parece irrazonable o que tiene un sistema de
valores, un punto de vista o un estilo de negociación diferente;
3) tácticas como dónde reunirse, quién debe hacer la primera
oferta y cómo pasar de inventar alternativas a contraer compromisos; y 4) el papel del poder en la negociación.

El estudio más extensivo de algunos aspectos será tema de
otros libros. Los lectores interesados en más detalles sobre
cómo manejar los "problemas de tipo personal" para establecer
una relación de trabajo podrían disfrutar de obras como *Getting
Together: Building Relationships as We Negotiate,* de Roger
Fisher y Scott Brown. Si lo que les interesa es cómo manejar
situaciones y personas difíciles, pueden buscar *Getting Past No:
Negotiating with Difficult People,* de William Ury. (*Supere el
no: Cómo negociar con personas que adoptan posiciones
obstinadas,* Editorial Norma, 1992). Es indudable que habrá
otros libros. Todavía resta mucho por decir acerca del poder
de las negociaciones multilaterales, de las transacciones entre
culturas distintas, de los estilos personales y muchos otros
temas.

Queremos expresarle nuevamente nuestro agradecimiento
a Marty Linsky, esta vez por haber corregido tan cuidadosamente el nuevo material. A Doug Stone le agradecemos en
especial la claridad de sus críticas y la labor de edición y de
transcripción de varios borradores de dicho material. Él tiene

una habilidad fuera de serie para detectar los párrafos o los pensamientos confusos.

Roger Fisher
William Ury
Bruce Patton

Durante más de doce años, Bruce Patton ha colaborado con nosotros en la formulación y la explicación de todas las ideas de este libro. El año pasado asumió la difícil labor de verter nuestro pensamiento conjunto en un texto coherente. Es un placer darle la bienvenida a Bruce, editor de la primera edición y coautor de la nueva.

R.F.
W.U.

Agradecimientos

Este libro lo hemos iniciado con una pregunta: ¿cuál es la mejor manera para que las personas resuelvan sus diferencias? Por ejemplo, ¿cuál es el mejor consejo que se les podría dar al marido y a la mujer que se están divorciando y que quieren lograr un acuerdo justo y mutuamente satisfactorio sin terminar en una pelea? Tal vez esto sea más difícil aún: ¿qué consejo se le daría a uno de ellos que deseara obtener lo que se deja dicho? Diariamente, las familias, los vecinos, los matrimonios, los empleados, los jefes, los dueños de negocios, los consumidores, los vendedores, los abogados y hasta las naciones, se enfrentan al mismo dilema: cómo zanjar sus recíprocas diferencias sin terminar en pugna. Utilizando nuestra experiencia en derecho internacional y en antropología, respectivamente, y el amplio contacto que durante muchos años nos ha unido con profesionales, colegas y estudiantes, hemos desarrollado un método práctico que les permite a las personas llegar a un acuerdo amigable y sin tener que ceder.

Hemos practicado nuestras ideas con abogados, negociantes, funcionarios de gobierno, jueces, directores de cárceles o de prisión, diplomáticos, representantes de seguros, oficiales del ejército, mineros del carbón y ejecutivos de la industria del petróleo. Por tanto, queremos agradecerles sinceramente a quienes nos hicieron críticas y sugerencias derivadas de su propia experiencia. Todas ellas nos han sido muy útiles.

En verdad, hemos recibido contribuciones de tan numerosas personas durante varios años, que nos resulta imposible decir con exactitud a quién le debemos ciertas ideas y en qué forma. Quienes más contribuyeron comprenderán que si omitimos mencionarlos en notas de pie de página no fue porque creyéramos que todas las ideas son nuestras, sino porque quisimos hacer más comprensible el texto y porque es mucho lo que debemos a tantas otras personas.

Sin embargo, no podemos dejar de mencionar nuestra deuda a Howard Raiffa. Su crítica directa y bondadosa nos ha servido en repetidas ocasiones para mejorar el planteamiento de esta cuestión, y sus ideas sobre la búsqueda de ventajas comunes mediante la utilización de las diferencias y de los procedimientos imaginativos para lograr acuerdos en situaciones difíciles, nos han inspirado para elaborar varias secciones sobre estos temas. Así también a Louis Sohn, negociador extraordinario, nuestro animador constante, creativo en todo momento y siempre con miras hacia el futuro. Entre las muchas deudas que tenemos con él, se cuenta la de habernos sugerido o dado a conocer la idea de usar un solo texto como base para negociar, a la cual le hemos puesto el nombre de procedimiento en un solo texto. Igualmente queremos agradecer a Michael Doyle y a David Strauss por sus sugerencias sobre cómo organizar tormentas de ideas (*brainstorming sessions*).

Es difícil encontrar buenos ejemplos y anécdotas. Por ello le debemos mucho a Jim Sebenius por sus informes respecto a la Conferencia sobre la Ley del Mar (y por su crítica reflexiva del método); a Tom Griffith por el relato sobre sus negociaciones con un representante de cierta compañía de seguros, y a Mary Parker Follett por la anécdota de los dos hombres que discutían en una biblioteca.

Nuestro reconocimiento muy sincero a todos los que leyeron este libro en diversas versiones y nos estimularon con sus críticas, incluyendo a nuestros estudiantes en los seminarios de enero sobre el tema de la Negociación realizado en

1980 y 1981 en la Escuela de Derecho de Harvard, y a Frank Sander, John Cooper y William Lincoln, quienes dirigieron estos seminarios junto con nosotros. Igualmente a los miembros del seminario sobre Negociación efectuado en Harvard, a quienes no hemos mencionado todavía; ellos nos escucharon pacientemente durante los dos últimos años y nos hicieron valiosas sugerencias: John Dunlop, James Healy, David Kuechle, Thomas Schelling y Lawrence Susskind. A todos nuestros amigos y asociados les debemos más de lo que podríamos decir, pero la responsabilidad por el contenido de este libro es de los autores; si el resultado no es aún perfecto, no es por falta de esfuerzo de nuestros colegas.

Ahora bien, sin la familia y sin los amigos, la tarea de escribir sería intolerable. Les agradecemos su crítica constructiva y su apoyo moral a Caroline Fisher, David Lanx, Frances Turnbull y Janice Ury. Sin Francis Fischer, este libro nunca se hubiera escrito: tuvo la buena idea de presentarnos hace unos cuantos años.

En cuanto al apoyo secretarial, no hubiéramos podido tener uno mejor que el que ahora agradecemos cordialmente a Deborah Reimel, por su permanente eficiencia, su apoyo moral y su amable pero firme insistencia, y a Denise Trybula, quien nunca declinó en su diligencia y entusiasmo. Lo mismo expresamos para el personal de edición de textos, encabezado por Cynthia Smith, quienes afrontaron con loable éxito la prueba de preparar una serie interminable de borradores y de cumplir plazos imposibles.

No podríamos omitir el especial agradecimiento que nos merecen las siguientes personas, todas y cada una de ellas colaboradoras infatigables en esta obra: a nuestros editores; a Marty Linsky, quien hizo que este libro fuera mucho más manual y legible, pues lo reorganizó y redujo a la mitad. No temió herir nuestra susceptibilidad, con el fin de proteger a nuestros lectores; a Peter Kinder, June Kinoshita y Bob Ross. June luchó por que nuestras expresiones fueran menos machistas. Donde no hayamos logrado el éxito, pedimos excusas a quienes puedan ofenderse; agradecemos a nuestra consultora, Andrea Williams; a Julian Bach, nuestro representante, a Dick McAdoo y sus asociados en Houghton Mifflin: hicieron posible y agradable la producción de este libro.

Finalmente, queremos agradecer a Bruce Patton, nuestro amigo y colega, editor y mediador. Nadie ha contribuido tanto como él en la elaboración de este trabajo, pues desde el comienzo nos ayudó a pensar y a organizar el silogismo del libro. El reorganizó casi todos los capítulos y editó cada palabra. Si los libros fueran películas, este sería una producción de Patton.

ROGER FISHER
WILLIAM URY

|Contenido

Prefacio VII
Agradecimientos XI
Introducción XVII

I   EL PROBLEMA **1**
    1 No negocie con base en las posiciones 3

II EL METODO **19**
    2 Separe las personas y el problema 21
    3 Concéntrese en los INTERESES, no en las posiciones   47
    4 Invente OPCIONES de mutuo beneficio 66
    5 Insista en que los CRITERIOS sean objetivos 94

III SÍ, PERO **111**
    6 ¿Qué pasa si ellos son más poderosos? 113
      (*Encuentre su MAAN —Mejor alternativa a un*
      acuerdo negociado)
    7 ¿Qué pasa si ellos no entran en el juego? 124
      (*Utilice el jujitsu de la negociación*)
    8 ¿Qué pasa si ellos juegan sucio? 149
      (*Dome al negociador implacable*)

IV PARA CONCLUIR **167**

**V DIEZ PREGUNTAS QUE HACE LA GENTE SOBRE
    SÍ... ¡DE ACUERDO!** 173

Preguntas sobre justicia y sobre la negociación basada
en principos 175

Preguntas sobre cómo tratar con la gente 182

Preguntas sobre tácticas 195

Preguntas acerca del poder 204

Tabla analítica de contenido 217

Nota sobre el Proyecto de Negociación de Harvard 227

Introducción

Gústele o no, usted es un negociador. La negociación es una realidad de la vida. Usted discute un aumento con su jefe, o trata de ponerse de acuerdo con un desconocido sobre el precio de su casa. Dos abogados tratan de arreglar un pleito ocasionado por un accidente de tránsito. Un grupo de compañías petroleras planean una empresa común para explorar petróleo en el mar. Cierto funcionario de la administración municipal se reúne con los líderes del sindicato para evitar una huelga de transporte. El Secretario de Estado de los Estados Unidos se reúne con su homólogo de la Unión Soviética para buscar un acuerdo sobre limitación de armas nucleares. Todos estos son ejemplos de negociación.

En el mundo se negocia todos los días. Al igual que el personaje de Molière, Monsieur Jordain, quien descubrió encantado que había estado hablando en prosa toda su vida, las personas negocian aun cuando no caen en la cuenta de que lo están haciendo. Por ejemplo, una señora negocia con su esposo sobre dónde comer, y con sus hijos, respecto a qué horas deben apagar la luz. Así, pues, la negociación es una medio básico para lograr lo que queremos de otros. Es una comunicación de doble vía para llegar a un acuerdo cuando usted y otra persona comparten algunos intereses en común, pero que también tienen algunos intereses opuestos.

En innumerables ocasiones se requiere negociación; el conflicto de intereses es una industria en crecimiento. Todas las

gentes quieren participar en decisiones sobre problemas que
las afectan; pero cada vez menos personas están dispuestas
a aceptar decisiones dictadas por otras. Tienen diferencias,
y utilizan la negociación para manejarlas. En los negocios,
en el gobierno o en la familia, la mayoría de las decisiones
se toman mediante negociación. Y aun cuando se comparezca
ante un juzgado, casi siempre se negocia un acuerdo antes
del juicio.

Aunque se negocia todos los días, no es fácil hacerlo bien.
Las estrategias estandarizadas para negociar, con frecuencia
dejan a las personas insatisfechas, cansadas o alienadas —y
a menudo las tres cosas a la vez.

La gente se encuentra casi siempre frente a un dilema.
Por lo común, observa dos maneras para negociar: la suave
o la dura. El negociador suave procura evitar conflictos personales, y por eso hace concesiones con objeto de llegar a un
acuerdo. Quiere una solución amistosa; sin embargo, a veces
termina sintiéndose explotado y amargado. El negociador duro ve todas las situaciones como un duelo de voluntades,
en el cual la parte que tome las posiciones más extremas
y se resista por más tiempo es la que gana. Este negociador
aspira a ganar; no obstante, con frecuencia acaba por emitir
una respuesta igualmente dura que lo agota, agota sus recursos y lastima su relación con la otra parte. Otras estrategias
estandard de negociación se encuentran entre los extremos
de dura y suave, pero todas implican un intento de armonizar
el logro de lo que usted quiere y el deseo de llevarse bien
con los demás.

Además, hay una tercera manera para negociar, que no
es ni dura ni suave, sino más bien a la vez dura y suave.
El método de la negociación según principios desarrollados
en el Proyecto de Negociación de Harvard, consiste en decidir
los problemas según sus méritos, en lugar de decidirlos mediante un proceso de regateo centrado en lo que cada parte
dice que va o no va a hacer. Sugiere que se busquen ventajas
mutuas siempre que sea posible, y que cuando haya conflicto

de intereses debe insistirse en que el resultado se base en algún criterio justo, independiente de la voluntad de las partes. El método de la negociación según los mencionados principios es duro para los argumentos y suave para las personas. No emplea trucos ni poses. La negociación según principios le muestra cómo obtener sus derechos y a la vez ser decente. Le permite ser justo y a la vez lo protege contra aquellos que estarían dispuestos a sacar ventaja de su justicia.

Este libro versa sobre el método de la negociación según principios. El primer capítulo describe los problemas que se presentan cuando se utilizan las estrategias estandard de la negociación según principios básicos. Los cuatro capítulos siguientes exponen los cuatro principios del método. Los últimos tres capítulos responden las preguntas más usuales sobre el método: ¿Qué sucede si la otra parte es más poderosa? ¿Qué sucede si no se sigue el método? ¿Qué ocurre si juega sucio?

La negociación según principios pueden utilizarla los diplomáticos estadounidenses en sus conversaciones sobre control de armas con la Unión Soviética, los abogados de Wall St. que representan a las 500 compañías de Fortune en casos anti-trust y hasta las parejas que quieren decidir a dónde ir de vacaciones o cómo dividir sus bienes si se van a divorciar. Cualquiera puede usar este método.

Cada negociación es diferente, pero los elementos básicos no cambian. Se puede utilizar la negociación según principios cuando se trata de un asunto o de varios; de dos partes o de varias; sea que exista un ritual aceptado, como en las negociaciones colectivas, o que se trate de una improvisación total, como cuando se habla con secuestradores. El método se aplica, sea que la otra parte tenga más o menos experiencia, que sea un negociador duro o que sea amistoso. La negociación según principios es una estrategia que sirve para todos los casos. Al contrario de lo que sucede con otras estrategias, si el otro lado la descubre no es más difícil utilizarla, sino más fácil. Si leen este libro, mucho mejor.

I | El problema

1. No negocie con base en las posiciones

1 | No negocie con base en las posiciones

Sea que una negociación se refiera a un contrato, a un desacuerdo familiar, o a un tratado de paz entre naciones, lo común es que las personas negocien con base en las posiciones. Cada lado asume una posición, argumenta en su favor, y hace concesiones para llegar a un compromiso. El ejemplo clásico de este paso de negociación es el regateo que ocurre entre el cliente y el dueño de un almacén de antigüedades.

CLIENTE	DUEÑO
¿Cuánto pide por este plato de bronce?	
	Es una hermosa antigüedad, ¿no es verdad? Creo que se la puede llevar por $ 75.
¡Vamos! Está abollado. Le daré $ 15.	
	¿De verdad? Yo podría estudiar una oferta seria, pero $ 15 no es serio.
Bueno, podría subir hasta $ 20, pero nunca pagaría algo como $ 75. Deme un precio realista.	

CLIENTE	DUEÑO
	Usted regatea en serio, jovencita. $ 60 en efectivo, **ahora** mismo.
$ 25.	
	Me costó mucho más que eso. Hágame una oferta *seria*.
$ 37.50. No daré un centavo más.	
	¿Se ha fijado en el grabado de ese plato? Dentro de un año, artículos como ese costarán el doble de lo que valen hoy.

Y así continúa. Tal vez se pongan de acuerdo; tal vez no.

Cualquier método de negociación debe juzgarse conforme a tres criterios: debe conducir a un acuerdo sensato, si el acuerdo es posible. Debe ser eficiente. Y debe mejorar, o por lo menos no deteriorar la relación entre las partes. (Un acuerdo sensato puede definirse como aquel que satisface los intereses legítimos de ambas partes dentro de lo posible, que resuelve los conflictos de intereses con equidad, que es durable, y que tiene en cuenta los intereses de la comunidad.)

La manera más común de negociar, ilustrada por el ejemplo anterior, consiste en tomar —y después abandonar— una serie de posiciones.

La toma de posiciones, como lo hacen el cliente y el dueño del almacén, cumple algunas funciones útiles en una negociación. Le dice a la otra parte lo que usted quiere; le sirve de base en una situación incierta y bajo presión; y, finalmente, puede producir los términos de un acuerdo aceptable. Pero estos objetivos pueden lograrse de otras maneras. Y la negociación según posiciones no cumple los criterios básicos de producir un acuerdo sensato, en forma eficiente y amistosa.

La discusión sobre posiciones produce acuerdos insensatos

Cuando se regatea con base en las posiciones, los negociadores tienden a encerrarse dentro de ellas. El negociador, mientras más aclara su posición y más la defiende contra los ataques, más se compromete con ella. Mientras más trate de convencer al otro de la imposibilidad de cambiar su posición inicial, la del negociador, más difícil será hacerlo. Su ego se identifica con su posición. Ahora tiene interés en "quedar bien" —en conciliar las acciones futuras con las posiciones pasadas—, haciendo que sea cada vez menos probable que un acuerdo sensato pueda conciliar los intereses originales de las partes.

El peligro de que la negociación según posiciones impida su realización, se ilustra bien con el rompimiento de las conversaciones sobre la prohibición de ensayos nucleares, durante la presidencia de Kennedy. Se presentó un asunto crítico: ¿Cuántas inspecciones anuales se permitirían a la Unión Soviética y a los Estados Unidos en el territorio de cada cual para investigar el origen de movimientos sísmicos sospechosos? La Unión Soviética aceptó finalmente tres inspecciones. Los Estados Unidos insistía en por lo menos diez. Y allí se rompieron las negociaciones —por las posiciones—, a pesar de que nadie entendía con claridad si una "inspección" sería la visita de una persona durante un día, o de cien personas husmeando indiscriminadamente durante un mes. Las partes no habían intentado diseñar un procedimiento de inspección que pudiera conciliar el interés de los Estados Unidos en la verificación, con el deseo de ambos países de mantener las intrusiones a un nivel mínimo.

Cuanta mayor atención se presta a las posiciones, menor atención se dedica a satisfacer los intereses y preocupaciones subyacentes de las partes. El acuerdo se hace más difícil. Cualquiera a que se llegue puede reflejar una distribución mecánica de las diferencias entre las posiciones finales, más que una solución cuidadosamente diseñada para satisfacer los intereses legítimos de las partes. El resultado es con frecuencia un acuerdo menos satisfactorio para ambas partes de lo que hubiera podido ser.

La discusión sobre posiciones es ineficiente

El método usual de negociación puede producir un acuerdo, como sobre el precio de una vasija de cobre, o un rompimiento, como con el número de inspecciones. En ambos casos el proceso requiere mucho tiempo.

La negociación sobre posiciones crea incentivos que retardan el acuerdo. En esta clase de negociación usted trata de mejorar las posibilidades de llegar a un acuerdo que le sea favorable, empezando con una posición extrema, sustentándola tercamente, engañando a la otra parte respecto a su verdadero punto de vista, y haciendo pequeñas concesiones solo cuando es necesario proseguir la negociación. La otra parte hace lo mismo. Cada uno de esos factores tiende a interferir el propósito de un pronto acuerdo. Mientras más extremas sean las posiciones iniciales y más pequeñas las concesiones, más tiempo y esfuerzo se necesitarán para descubrir si un acuerdo es posible o no.

El paso usual requiere también multitud de decisiones individuales, a medida que cada negociador decide qué ofrecer, qué rechazar y cuánto conceder. En el mejor de los casos, la toma de decisiones es difícil y exige tiempo. Cuando cada decisión no solamente implica ceder sino que probablemente causará presión para ceder más, el negociador tiene pocos incentivos para actuar con rapidez. Tácticas como las demoras, las amenazas de rompimiento, la inmovilidad, y otras semejantes, se tornan comunes. Todas ellas aumentan el tiempo y los costos de un acuerdo, así como el riesgo de que éste no se logre.

La discusión sobre posiciones pone en peligro una relación

La negociación basada en posiciones se convierte en un enfrentamiento de voluntades. Cada negociador expone lo que va a hacer o lo que no va a hacer. La tarea de diseñar juntos una solución aceptable tiende a convertirse en una batalla, pues cada parte trata de forzar a la otra a cambiar su posición por medio de pura fuerza de voluntad. "No voy a ceder. Si quieres ir a cine conmigo, vemos *La fuerza del cariño,* o no vamos". Con frecuencia surgen la ira y el resentimiento a medida que una parte se ve obligada a ceder ante la rígida voluntad de la otra, mientras sus propios y legítimos intereses se dejan de lado. De esta manera, la negociación basada en posiciones tensiona a menudo la relación entre las partes, y a veces la destruye. Empresas comerciales que llevan muchos años de trabajar juntas, se separan. Los vecinos dejan de hablarse. Los sentimientos amargos que se generan en uno de estos encuentros pueden durar toda una vida.

Cuando hay muchas partes, la negociación basada en posiciones es todavía peor

Aunque es conveniente discutir el proceso de negociación en términos de dos personas, usted y "la otra parte", la verdad es que casi toda negociación involucra a más de dos personas. Alrededor de la mesa pueden sentarse varias partes, o cada parte tiene electores, superiores, juntas directivas o comités a los que deben responder. Mientras mayor sea el número de personas que participan en una negociación, más graves serán los inconvenientes de la negociación basada en posiciones.

Si las negociaciones se realizan entre 150 países, como sucede en conferencias de las Naciones Unidas, las basadas en posiciones son casi imposibles. Puede requerirse que todos digan sí, pero que solo uno diga no. Las concesiones recíprocas son difíciles: ¿a quién se le hace la concesión? Sin embargo, mil acuerdos bilaterales no son un acuerdo multilateral. En situaciones semejantes, la negociación basada en posiciones conduce a formar coaliciones entre las partes cuyos intereses comunes son con frecuencia más simbólicos que de fondo. En las Naciones Unidas, este tipo de coaliciones producen negociaciones entre "el" Norte y "el" Sur, o entre "el" Oriente y "el" Occidente. Debido a que cada grupo tiene muchos miembros, es más difícil llegar a una posición común. Pero aún más: una vez que, con ingente esfuerzo, han llegado a ponerse de acuerdo sobre una posición, es mucho más difícil cambiarla. Y es igualmente difícil cambiarla cuando los participantes adicionales son autoridades superiores, quienes, aunque no estén presentes en la mesa de negociaciones, deben sin embargo dar su aprobación.

Ser amable no es la solución

Muchas personas reconocen los altos costos de las negociaciones duras basadas en posiciones, especialmente para las partes y su relación. Esperan poder evitarlos mediante un estilo más amable de negociación. Prefieren ver a la otra parte como un amigo, antes que verla como un enemigo. En lugar de ponerle énfasis al propósito de la victoria, prefieren realzar la necesidad de lograr un acuerdo. En un juego de negociación suave, las movidas usuales consisten en hacer ofrecimientos y concesiones, confiar en el otro, ser amistoso, y ceder cuando sea necesario para evitar enfrentamientos.

La siguiente tabla ilustra dos estilos de negociación basados en posiciones: el suave y el duro. La mayoría de las personas creen que su selección de estrategias de negociación debe estar entre estos dos estilos. Suponiendo que la tabla presenta alternativas, ¿debe usted ser un negociador basado en posiciones de tipo suave o de tipo duro? ¿O quizá seguir una estrategia intermedia?

PROBLEMA

La negociación basada en posiciones: ¿Qué juego debe jugar?

SUAVE	DURO
Los participantes son amigos.	Los participantes son adversarios.
El objetivo es lograr un acuerdo.	El objetivo es la victoria.
Haga concesiones para cultivar la relación.	Exija concesiones como condición para la relación.
Sea suave con las personas y el problema.	Sea duro con el problema y con las personas.
Confíe en los otros.	Desconfíe de los otros.
Cambie su posición fácilmente.	Mantenga su posición.
Haga ofertas.	Amenace.
Dé a conocer su última posición.	Engañe respecto a su última posición.
Acepte pérdidas unilaterales para lograr acuerdo.	Exija ventajas unilaterales como precio del acuerdo.
Busque la única respuesta: la que *ellos* aceptarán.	Busque la única respuesta: la que *usted* aceptará.
Insista en lograr un acuerdo.	Insista en su posición.
Trate de evitar un enfrentamiento de voluntades.	Trate de ganar un enfrentamiento de voluntades.
Ceda ante la presión.	Aplique presión.

El juego de negociación suave pone de relieve la importancia de construir y de mantener una relación. En las familias y entre amigos se da mucho este tipo de negociación. El proceso tiende a ser eficiente, a lo menos en cuanto a producir resultados rápidos. Como cada parte compite con la otra en ser generosa y amable, un acuerdo es altamente probable. Pero puede no ser prudente. Es posible que los resultados no sean tan trágicos sino generosos, como en el cuento de O. Henry respecto a la pareja pobre, en que la enamorada esposa vende su cabellera para comprar una hermosa cadena para el reloj de su marido, y éste, sin saber lo que ella había hecho, vende su reloj para comprarle unas lindas peinetas. Sin embargo, cualquier negociación encaminada primordialmente a la relación corre el riesgo de concluir en un acuerdo desequilibrado.

Más seriamente: usar una forma suave y amistosa en la negociación basada en posiciones hace vulnerable a quien se enfrente a alguien que juegue la versión dura. En esta clase de negociación, el juego duro domina al suave. Si el jugador duro insiste en obtener concesiones, y amenaza, mientras que el jugador suave cede e insiste en alcanzar un acuerdo, el juego de la negociación se inclina a favor del jugador duro. De este procedimiento resultará un acuerdo que, sin embargo, puede no ser prudente. En efecto, será más favorable para el negociador duro que para el suave. Si su reacción ante el negociador duro e insistente es apelar a la versión suave de la negociación basada en posiciones, usted probablemente perderá hasta la camisa.

Existe una alternativa

Si no le gusta la idea de escoger entre las versiones dura y suave de la negociación basada en posiciones, usted puede cambiar el juego.

El juego de la negociación se da en dos niveles. En el primero, la negociación trata lo esencial; en el segundo, se concentra —por lo general en forma implícita— en el procedimiento para tratar lo esencial. La primera negociación puede tratar de su salario, de los términos de un arrendamiento, o del precio de algo. La segunda negociación se refiere a la manera de negociar el asunto esencial: negociación suave basada en posiciones, negociación dura basada en posiciones, o algún otro método. Esta segunda negociación es un juego sobre un juego —un "meta-juego". Cada movimiento suyo en una negociación no se refiere solamente al arriendo, al salario, o a otras cosas de fondo; también contribuye a estructurar las reglas del juego. Su jugada puede contribuir a mantener las negociaciones dentro de un cierto estilo, o puede constituir una jugada que cambie el juego.

Por lo general, no se toma en cuenta esta segunda negociación porque parece ocurrir sin decisión consciente. Solamente cuando tratamos con alguien de otro país, sobre todo con respecto de alguien que proviene de una cultura muy distinta, advertimos la necesidad de establecer algún proceso aceptado para las negociaciones de fondo. Pero consciente o inconscientemente, todo movimiento que hacemos es parte de la negociación sobre las reglas de procedimiento, aun cuando esos movimientos parecen referirse exclusivamente a lo esencial.

La respuesta a la pregunta de si es mejor usar la versión suave o la dura de la negociación basada en posiciones, es: "ni lo uno ni lo otro". Cambie de juego. En el Proyecto sobre Negociación, de Harvard, hemos desarrollado una alternativa para la negociación basada en posiciones: un método de negociación diseñado explícitamente para producir resultados prudentes en forma eficiente y amistosa. Este método, denominado *negociación según principios* o *negociación con base en los méritos*, puede resumirse en cuatro puntos básicos.

Estos cuatro puntos definen un método directo de negociación que puede usarse en casi cualquier circunstancia. Cada punto trata un elemento básico de la negociación, y sugiere lo que debe hacerse.

Las personas: Separe a las personas del problema.

Los intereses: Concéntrese en los intereses, *no* en las posiciones.

Opciones: Genere una variedad de posibilidades antes de decidirse a actuar.

Criterios: Insista en que *el* resultado se base en algún criterio objetivo.

El primer punto responde al hecho de que los seres humanos no somos computadores. Somos criaturas intensamente emotivas que tenemos con frecuencia percepciones radicalmente diferentes y a las que nos cuesta trabajo comunicarnos en forma clara. Por lo general, las emociones se entremezclan con los méritos objetivos del problema. La toma de posiciones acentúa ese problema, porque los egos o parte consciente de las personas se identifican con sus posiciones. Por estos motivos, antes de empezar a trabajar sobre el problema de fondo, debe identificarse y solucionarse separadamente el "problema de las personas".

De manera figurativa, si no literal, los participantes deben verse a sí mismos como empeñados en un trabajo hombro a hombro, atacando el problema, y no atacándose mutuamente. De ahí la primera proposición: *separe a las personas del problema*.

El segundo punto se propone superar los inconvenientes de concentrarse en las posiciones declaradas de las personas cuando el objeto de la negociación es satisfacer sus intereses subyacentes. Con frecuencia, una posición negociadora oscurece lo que usted realmente quiere. Llegar a un compromiso entre posiciones, probablemente no producirá un acuerdo que tenga en cuenta efectivamente las necesidades humanas que llevaron a las personas a adoptar esas posiciones. El segundo elemento básico del método es: *concéntrese en los intereses, no en las posiciones*.

El tercer punto responde a la dificultad de diseñar soluciones óptimas bajo presión. Tratar de decidir en presencia de un adversario estrecha su visión. Arriesgar mucho inhibe la creatividad. La búsqueda de la única solución correcta tiene el mismo efecto. Estas limitaciones pueden contrarrestarse reservando un tiempo dentro del cual pueda pensarse en una amplia gradación de soluciones posibles que favorezcan los intereses compartidos y que concilien creativamente los intereses diferentes. De ahí el tercer punto básico: antes de intentar ponerse de acuerdo, *invente opciones de beneficio mutuo*.

Cuando los intereses son directamente opuestos, el negociador puede ser capaz de obtener un resultado favorable: sencillamente, siendo terco. Ese método tiende a premiar la intransigencia y a producir resultados arbitrarios. Sin embargo, ese tipo de negociador puede enfrentarse, insistiendo en que lo que él diga no es suficiente y que el acuerdo debe reflejar algún criterio justo, independiente de la sola voluntad de cada parte. Esto no significa que se deba insistir en que los términos se basen en el criterio que usted seleccione, sino solamente que el resultado se rija por algún criterio justo, tal como el valor en el mercado, la opinión de un experto, la costumbre, o la ley. La discusión de estos criterios, más que lo que las partes están dispuestas a hacer o no hacer, conducirá a que ninguna de ellas tenga que ceder ante la otra; ambas pueden acoger una solución justa. De ahí el cuarto punto básico: *insista en usar criterios objetivos*.

El método de la negociación según principios se compara con la negociación según posiciones de tipo duro y suave en la siguiente tabla, en la cual los cuatro puntos básicos del método aparecen en negrilla.

Las cuatro proposiciones básicas de la negociación según principios son relevantes desde el momento en que usted empieza a pensar en la negociación hasta el momento en que se

PROBLEMA	SOLUCION
La negociación basada en posiciones: ¿Qué juego debe jugar?	Cambie el juego — Negocie según los méritos

SUAVE	DURO	BASADO EN PRINCIPIOS
Los participantes son amigos.	Los participantes son adversarios.	Los participantes están solucionando un problema.
El objetivo es lograr un acuerdo.	El objetivo es la victoria.	El objetivo es lograr un resultado sensato en forma eficiente y amistosa.
Haga concesiones para cultivar la relación.	Exija concesiones como condición para la relación.	**Separe a las personas del problema.**
Sea suave con las personas y con el problema.	Sea duro con el problema y con las personas.	Sea suave con las personas y duro con el problema.
Confíe en los otros.	Desconfíe de los otros.	Proceda independientemente de la confianza.
Cambie su posición fácilmente.	Mantenga su posición.	**Concéntrese en los intereses, no en las posiciones.**
Haga ofertas.	Amenace.	Explore los intereses.

PROBLEMA		SOLUCION
La negociación basada en posiciones: ¿Qué juego debe jugar?		Cambie el juego — Negocie según los méritos

SUAVE	DURO	BASADO EN PRINCIPIOS
Dé a conocer su última posición.	Engañe respecto a su última posición.	Evite tener una última posición.
Acepte pérdidas unilaterales para lograr un acuerdo.	Exija ventajas unilaterales como precio del acuerdo.	**Invente opciones de mutuo beneficio.**
Busque la única respuesta: la que *ellos* aceptarán.	Busque la única respuesta: la que *usted* aceptará.	Desarrolle múltiples opciones entre las cuales pueda escoger; decida más tarde.
Insista en lograr un acuerdo.	Insista en su posición.	**Insista en criterios objetivos.**
Trate de evitar un enfrentamiento de voluntades.	Trate de ganar en un enfrentamiento de voluntades.	Trate de lograr un resultado basado en criterios independientes de la voluntad.
Ceda ante la presión.	Aplique presión.	Razone y permanezca abierto ante las razones; ceda ante los principios, no ante las presiones.

llega a un acuerdo o en que usted decide desistir. Ese período
puede dividirse en tres etapas: análisis, planeación, y discusión.

Durante la etapa de *análisis*, usted simplemente trata de
hacer un diagnóstico de la situación —de recoger información,
de organizarla, y de reflexionar sobre ella. Querrá considerar
los problemas humanos de las percepciones sesgadas, las emociones hostiles, las comunicaciones poco claras, lo mismo que
identificar sus intereses y los de la otra parte. Querrá identificar las opciones ya propuestas y los criterios ya sugeridos como base para un acuerdo.

Durante la etapa de *planeación*, usted se ocupa de los mismos cuatro elementos una segunda vez, generando ideas y decidiendo lo que debe hacerse. ¿Cómo piensa manejar el problema de las personas? ¿Cuáles son los más importantes de
sus intereses? ¿Cuáles son algunos de los objetivos realistas?
Será necesario que usted genere opciones y criterios adicionales para seleccionarlas.

Durante la etapa de *discusión*, cuando las partes se están
comunicando, buscando un acuerdo, los mismos cuatro elementos serán el mejor tema de discusión. Se pueden reconocer y manejar las diferencias de percepción, los sentimientos
de frustración y de ira, y las dificultades en la comunicación.
Cada parte debe llegar a entender los intereses de la otra. Entonces cada una puede colaborar en la generación de opciones que sean mutuamente ventajosas, y buscar acuerdos basados en criterios objetivos para resolver los intereses opuestos.

Resumiendo: a diferencia de la negociación basada en posiciones, el método de negociación basado en principios que
consiste en concentrarse en los intereses básicos, en opciones
mutuamente satisfactorias, y en criterios justos, por lo general produce un acuerdo *prudente*. Le permite lograr un con-
senso gradual sobre una decisión común en forma *eficiente*,
sin todos los costos transaccionales que implica atrincherarse
en posiciones que más tarde tendrá que abandonar. Y la separación de las personas y el problema le permite entenderse

con el otro negociador como ser humano, en forma directa y con empatía, haciendo posible un acuerdo *amistoso*.

Cada uno de los cuatro capítulos siguientes amplía cada uno de estos aspectos básicos. Si en algún momento lo asalta el escepticismo, podrá adelantarse brevemente y leer partes de los tres últimos, en los cuales respondemos las preguntas más frecuentes sobre el método.

II El método

2. Separe las PERSONAS del problema

3. Concéntrese en los INTERESES, no en las posiciones

4. Invente OPCIONES de mutuo beneficio

5. Insista en que los CRITERIOS sean objetivos.

2 | Separe las personas del problema

Todo el mundo sabe lo difícil que es enfrentar un problema sin que surjan malentendidos entre las personas, sin que ellas se disgusten o pierdan su sensatez o ecuanimidad, y sin que tomen las cosas como ofensas personales.

Un dirigente sindical les dice a sus empleados: "Vamos a ver, ¿quién dio la señal para la huelga?"

Jones se adelanta: "Fui yo. Tuvo que ver con el estúpido de Campbell, el capataz. Fue la quinta vez en dos semanas que me envió fuera del grupo como reemplazo. Me tiene ojeriza, y ya me cansé. ¿Por qué siempre tengo que ser yo el que haga el trabajo más duro?"

Más tarde, el dirigente sindical se enfrenta con Campbell. "¿Por qué sigue molestando a Jones? El dice que usted lo ha puesto de reemplazo cinco veces en dos semanas. ¿Qué está pasando?" Campbell le responde: "Escojo a Jones porque es el mejor. Yo sé que puedo confiar en que mantendrá las cosas funcionando en un grupo que no tiene su líder. Lo envío a hacer reemplazos sólo cuando falta una persona clave; de otra manera, mando a Smith o a alguno de los otros. Con esta epidemia de gripa han faltado muchos hombres claves. Nunca pensé que Jones se molestara. Creí que le gustaba asumir la responsabilidad".

En otra situación de la vida real, el abogado de una compañía de seguros le dice al superintendente de seguros del Estado:

"Le agradezco que me dedique algún tiempo, Superintendente Thompson. Quisiera hablarle sobre algunos de los problemas que hemos tenido con la cláusula de las reglamentaciones que se refiere a la responsabilidad estricta. Fundamentalmente, nos parece que la forma como está redactada la cláusula tiene un impacto inequitativo para aquellos aseguradores cuyas políticas actuales contienen limitaciones en cuanto al reajuste de las tasas, y quisiéramos estudiar algunas maneras de revisarla ...". El Superintendente, interrumpiéndolo: "Señor Johnson, su compañía tuvo amplias oportunidades para expresar sus objeciones durante las audiencias en mi departamento sobre esas reglamentaciones, antes que fueran promulgadas. Yo dirigí las audiencias, señor Johnson. Escuché cada palabra de las declaraciones, y personalmente redacté la versión final de las reglamentaciones sobre responsabilidad estricta. ¿Está usted diciendo que yo me equivoqué?"

"No, pero...".

"¿Está usted diciendo que soy injusto?"

"Ciertamento no, señor; pero creo que la reglamentación ha tenido consecuencias que ninguno de nosotros previó, y...".

"Escuche, Johnson: yo le prometí al público durante mi campaña que pondría punto final a la existencia de secadores asesinos y de bombas de $ 5 000 disfrazadas de automóviles. Y estas reglamentaciones lo han logrado.

"Su compañía tuvo un lucro de $ 50 millones por concepto de sus políticas de estricta responsabilidad. ¿Qué clase de comedia cree que puede presentarme cuando viene a hablarme de reglamentaciones 'injustas' y de 'consecuencias imprevistas'? No quiero oír una palabra más sobre el asunto. Buenas tardes, señor Johnson''.

¿Ahora qué? ¿Debe el abogado de la compañía de seguros presionar al Superintendente, disgustándolo y probablemente sin obtener nada? Su compañía posee muchos negocios en este Estado. Tener una relación cordial con el Superintendente es importante. ¿Debe olvidarse del asunto, aunque está convencido de que en realidad la reglamentación es injusta, que sus efectos a largo plazo serán probablemente contra el interés del público, y que ni siquiera los expertos previeron este problema cuando se llevaron a cabo las audiencias públicas?

¿Qué está sucediendo en estos casos?

Antes que todo, los negociadores son personas

Un hecho fundamental de las negociaciones, que se olvida con facilidad en las transacciones internacionales y entre corporaciones, es que usted no está tratando con representantes abstractos de "la otra parte", sino con seres humanos. Ellos tienen emociones, valores profundos, diferentes procedencias y puntos de vista; y son impredecibles. Lo mismo que usted.

Este aspecto humano de las negociaciones puede ser una gran ayuda o también ser desastroso. El proceso para lograr un acuerdo puede producir un compromiso psicológico tendiente a obtener un resultado mutuamente satisfactorio. Una relación de trabajo en la que a lo largo del tiempo se construyen la confianza, la comprensión, el respeto y la amistad, puede conducir a que cada nueva negociación sea más fácil y más eficiente. Y el deseo de las personas de sentirse satisfechas consigo mismas, y su preocupación por lo que los demás piensan de ellas, puede con frecuencia hacerlas más sensibles a los intereses del otro negociador.

Por otra parte, las personas se enojan, se deprimen, sufren temores, son hostiles, se frustran y se ofenden. Tienen egos que fácilmente se sienten amenazados. Observan el mundo desde su punto de vista personal, y a menudo confunden sus percepciones con la realidad. Ordinariamente, no interpretan lo que usted dice en la forma como usted quiere y no quieren decir lo que usted entiende. Los malentendidos pueden reforzar los perjuicios y suscitar acciones que produ-

cen reacciones en un círculo vicioso; la exploración racional
de soluciones posibles se hace imposible y la negociación fra-
casa. El apuntarse victorias, confirmar impresiones negativas
y repartir acusaciones, se convierten en los objetivos del juego, con detrimento de los intereses sustanciales de ambas partes.

No ser capaz de tratar a otros con sensibilidad como seres
humanos sujetos a reacciones humanas, puede ser desastroso
en una negociación. Independientemente de lo demás que
usted haga en el curso de una negociación, desde la preparación hasta el seguimiento, vale la pena que usted se pregunte:
"¿Estoy dándole suficiente atención al problema de las
personas?"

Todo negociador tiene dos tipos de intereses: en la sustancia y en la relación

Todo negociador quiere lograr un acuerdo que satisfaga sus
intereses sustanciales. Por eso negocia. Además, a un negociador también le interesa su relación con la otra parte. Un
vendedor de antigüedades quiere obtener una ganancia en
la venta y a la vez ganarse un cliente permanente. Como
mínimo, un negociador quiere conservar una relación de trabajo lo suficientemente buena como para poder alcanzar un
acuerdo aceptable, si es posible hacerlo con base en los intereses de ambas partes.

Generalmente, las implicaciones son mayores. La mayoría
de las negociaciones ocurren en el contexto de una relación
permanente, en la cual es importante que cada negociación
se haga de tal manera que ayude, en lugar de obstaculizar
las relaciones futuras y las futuras negociaciones. De hecho,
con muchos clientes, socios, miembros de la familia, colegas,
funcionarios del gobierno, o naciones extranjeras, la conti-
nuidad de la relación es mucho más importante que el resultado de cualquier negociación en particular.

La relación tiende a confundirse con el problema. Una consecuencia importante del "problema de las personas" en la negociación es que la relación entre las partes tiende a confundirse con su discusión. Tanto de la parte que da como de la que recibe, se tiende a tratar el problema y a la persona como si fueran una sola cosa. En la vida de familia, una afirmación como "La cocina es un desastre" o "Nuestro saldo en el banco está bajo", puede querer simplemente la identificación de un problema, pero es probable que se perciba como un ataque personal. La ira frente a una situación puede llevarlo a expresar ira hacia una persona que usted asocia con la situación. Los egos tienden a verse involucrados en las posiciones sustanciales.

Otra razón por la cual los asuntos sustanciales se confunden con los psicológicos es que las personas derivan de los comentarios sobre asuntos sustanciales inferencias infundadas que luego tratan como si fueran hechos sobre las intenciones de la otra persona y sus actitudes hacia ellos.

A menos que seamos cuidadosos, este proceso es casi automático; rara vez nos damos cuenta de que otras explicaciones pueden ser igualmente válidas. Por ejemplo, en el caso del sindicato, Jones creía que Campbell, el capataz, le tenía bronca, mientras que Campbell creía que estaba estimulando a Jones y haciéndole un favor al darle tareas de responsabilidad.

Las negociaciones basadas en posiciones ponen la relación y la sustancia en conflicto. Enfocar una negociación como una lucha de voluntades por posiciones agudiza el proceso de confusión. Yo veo su posición como una declaración sobre cómo querría usted que terminara la negociación; desde mi punto de vista, me demuestra lo poco que a usted le importa nuestra relación. Si yo asumo una posición firme que usted considera poco racional, usted supone que yo también la considero como una posición extrema; es fácil concluir que yo no valoro mucho nuestra relación —o que no lo valoro a usted.

La negociación basada en posiciones trata sobre los intereses del negociador tanto en lo sustancial como en una buena relación, al poner lo uno contra lo otro. Si lo que a la larga le interesa a su compañía es su relación con el superintendente de seguros, entonces usted probablemente se olvidará del asunto. O si a usted le interesa más una solución favorable que el respeto o aprecio de la otra parte, entonces puede tratar de cambiar la relación por lo sustancial. "Si usted no puede ponerse de acuerdo conmigo sobre este punto, eso es cosa suya. Esta será la última vez que nos reunamos". Sin embargo, el ceder en un punto sustancial puede no ganar una amistad, sino simplemente convencer al otro de que puede aprovecharse de usted.

Separe la relación de lo sustancial; enfréntese directamente con el problema de las personas

Debatir un problema sustancial y mantener una buena relación de trabajo no son necesariamente metas conflictivas si las partes están comprometidas y preparadas psicológicamente para tratar cada una separadamente sus propios y legítimos méritos. Fundamente la relación en percepciones precisas, en una comunicación clara, en emociones apropiadas, y en un punto de vista definido y a largo plazo. Trate los problemas de las personas directamente; no intente solucionarlos mediante concesiones sustanciales.

Para tratar problemas psicológicos, use técnicas psicológicas. Cuando las percepciones están distorsionadas, busque maneras de educar. Si las emociones llegan a un punto de sulfuración, trate de encontrar maneras para que la otra parte se desahogue. Cuando existan malentendidos, intente mejorar la comunicación.

Para orientarse en el laberinto problemático de las personas, a veces es útil pensar en términos de tres categorías básicas: percepción, emoción y comunicación. Todos esos diversos problemas pueden clasificarse en una de estas tres categorías.

En la negociación es fácil olvidar que no solo deben tenerse en cuenta los problemas de los demás, sino también los suyos. Su ira y su frustración pueden obstaculizar un acuerdo benéfico para usted. Probablemente, sus percepciones son unilaterales, y tal vez usted no esté escuchando o comunicando en forma adecuada. Las técnicas siguientes pueden aplicarse tanto a sus propios problemas como a los de la otra parte.

Percepción

La comprensión sobre cómo piensa la otra parte no es simplemente una actividad útil que le ayudará a usted a solucionar su problema. Su manera de pensar *es* el problema. Sea que usted esté haciendo un trato o solucionando una disputa, las diferencias se definen por la diferencia entre su manera de pensar y la de los otros. Cuando dos personas pelean, por lo general lo hacen a causa de un objeto —ambas pueden reclamar el mismo reloj— o a causa de un acontecimiento —cada una puede sostener que la otra tuvo la culpa en un accidente de tránsito. Lo mismo cabe decirse de las naciones. Marruecos y Argelia pelean por parte del Sahara Occidental; India y Pakistán pelean sobre el desarrollo que cada una de ellas ha de darle a las bombas nucleares. En estas circunstancias, la gente tiende a pensar que lo que necesitan es más información sobre el objeto o sobre el acontecimiento. Examinan el reloj o miden las huellas de la frenada en el lugar del accidente. Estudian el Sahara Occidental o la historia detallada del desarrollo de armas nucleares en la India y en Pakistán.

Sin embargo, el conflicto no está en la realidad objetiva sino en la mente de las personas. La verdad es simplemente un argumento más —tal vez bueno o quizá no— para tratar las diferencias. La diferencia existe porque existe en sus mentes. Los temores, aunque infundados, son temores reales y

hay que tenerlos en cuenta. Las esperanzas, aunque infundadas, pueden causar una guerra. Los hechos, aunque se verifi-
quen, pueden no contribuir en nada a la solución del problema. O ambas partes estar de acuerdo en afirmar que la una
perdió el reloj y la otra lo encontró, y todavía no estar de
acuerdo sobre quién debe conservarlo. Finalmente, puede llegar a establecerse que el accidente de tránsito fue causado
por el estallido de una llanta que se había usado durante
31 402 millas, pero las partes empeñarse en discutir sobre
quién pagará los daños. La historia detallada y la geografía
del Sahara Occidental, independientemente del sumo cuidado
con que se las haya estudiado y documentado, no es lo que
solucionará ese tipo de disputa territorial. Ningún estudio
sobre quién desarrolló qué tipo de arma nuclear y cuándo,
resolverá el conflicto entre la India y Pakistán.

Por útil que pueda ser el análisis de la realidad objetiva,
finalmente es la realidad, como la percibe cada una de las
partes, lo que constituye el problema en una negociación y
lo que abre el camino hacia una solución.

Póngase en el lugar del otro. La manera de ver el mundo
depende del lugar donde usted se sitúe. Las personas tienden
a ver lo que desean ver. En un conjunto de información detallada, se inclinan a seleccionar y a concentrarse en aquellos
hechos que confirman sus percepciones previas y a pasar por
alto o interpretar erróneamente aquellos que cuestionan o
ponen en duda sus percepciones. Cada una de las partes en
una negociación puede ver únicamente los méritos de su caso,
y únicamente los defectos en el de la otra.

Una de las habilidades más importantes que puede poseer
un negociador es la habilidad para apreciar la situación como
la aprecia la otra parte, por difícil que ello sea. No es suficiente saber que ellos ven las cosas de manera diferente. Si usted
quiere tener influencia, es necesario que comprenda con empatía el poder de su punto de vista, y que sienta la fuerza
emocional con la que lo creen los demás. No es suficiente
estudiarlos como si fueran escarabajos bajo el microscopio;

es necesario saber cómo se siente el escarabajo. Para lograr esto, usted debe estar dispuesto a suspender el juicio durante un tiempo mientras "ensaya" sus puntos de vista. Es posible que tengan tanta seguridad en que el punto de vista de ellos es "correcto", como usted la tiene en que lo es el suyo. Usted puede ver medio vaso de agua sobre la mesa. Su cónyuge puede ver un vaso sucio medio desocupado que está a punto de causar una mancha en el terminado de la madera.

Considere las percepciones contrastantes de un arrendatario y de un arrendador que están negociando la renovación del contrato de arrendamiento:

PERCEPCIONES DEL ARRENDATARIO	**PERCEPCIONES DEL ARRENDADOR**
El arriendo es ya demasiado alto.	No se ha subido el arriendo en mucho tiempo.
Con el aumento de otros costos, no puedo pagar más por vivienda.	Con el aumento de otros costos, necesito un mayor ingreso.
El apartamento necesita pintura.	El arrendatario ha desmejorado el apartamento por el uso.
Conozco a personas que pagan menos por un apartamento semejante.	Conozco a personas que pagan más por un apartamento semejante.
Las personas jóvenes como yo no pueden pagar arriendos altos.	Las personas jóvenes como él tienden a hacer ruido y a desmejorar el apartamento.

PERCEPCIONES DEL ARRENDATARIO	PERCEPCIONES DEL ARRENDADOR
El arriendo debería ser bajo porque el vecindario ha desmejorado.	Los arrendadores deberíamos subir los arriendos con el fin de mejorar el vecindario.
Yo soy un buen arrendatario, no tengo ni perros ni gatos.	Su equipo de sonido me vuelve loco.
Siempre pago el arriendo cuando me cobra.	Nunca paga el arriendo, a menos que le cobre.
El arrendador es indiferente y distante; nunca me pregunta cómo estoy.	Soy una persona considerada que no se mete en la vida privada del arrendatario.

Comprender el punto de vista de ellos no es lo mismo que estar de acuerdo con él. Es verdad que una mejor comprensión de lo que piensan puede llevarlo a usted a revisar sus propios puntos de vista sobre los méritos de la cuestión. Pero ese no es un *costo* de comprender su punto de vista, es un *beneficio*. Le permite reducir el área de conflicto, y también defender sus propios intereses con mayor seguridad.

No deduzca sus intenciones con base en sus temores. Las personas tienden a suponer que lo que ellas temen es lo que la otra parte se propone hacer. Analice esta historia que apareció en el *New York Times:* "Se encontraron en un bar, donde él le ofreció a ella que la llevaría a la casa. La condujo por calles poco conocidas. Le dijo que era un camino más corto. La llevó a la casa tan rápidamente que alcanzó a ver el noticiario de las 10".

¿Por qué es tan sorprendente este desenlace? Nuestras suposiciones se basaron en nuestros temores.

Es muy fácil adquirir el hábito de interpretar de la peor manera todo lo que la otra parte dice o hace. Con frecuencia una sospecha se deriva naturalmente de nuestras percepciones. Además, es lo más *seguro*, le demuestra a terceras personas la maldad de la otra parte. Pero el costo de interpretar de la peor manera posible todo lo que digan o hagan, consiste en que las ideas nuevas que pudieran conducir a un acuerdo se desprecian, y no se tienen en cuenta o se rechazan los cambios sutiles de posición.

No los culpe por su problema. Es tentador echarle al otro la culpa de los problemas propios de usted. "Su compañía es totalmente irresponsable. Cada vez que ustedes le hacen mantenimiento a nuestro generador rotativo en la fábrica, lo hacen tan mal que se vuelve a dañar". Culpar al otro es fácil, sobre todo cuanto siente que de verdad usted tiene la culpa. Pero aunque se justifique culparlo, por lo general es contraproducente. Cuando se la ataca, la otra parte se pondrá a la defensiva y se resistirá ante lo que usted dice. Dejará de escuchar, o lo atacará a usted a su vez. Juzgar la culpa ajena involucra a las personas firmemente en el problema.

Cuando esté hablando sobre el problema, separe los síntomas y la persona con quien usted está hablando. "Nuestro generador rotativo al que ustedes le hicieron mantenimiento se volvió a dañar. Esta es la tercera vez en un mes. La primera vez estuvo dañado toda la semana. Esta fábrica necesita un generador que funcione. Quiero que usted me aconseje sobre cómo reducir al mínimo el riesgo de que se dañe el generador. ¿Debemos cambiar de compañía para el mantenimiento, demandar al fabricante o qué sugiere?

Comente las mutuas percepciones. Una de las maneras de manejar las percepciones diferentes es hacerlas explícitas y comentarlas con la otra parte. Mientras esto puede hacerse en forma franca y honesta, sin que ninguna de las partes culpe a la otra por ver el problema como cada una lo ve, este tipo de comentario puede darles la comprensión que necesitan para tomar en serio lo que usted dice, y viceversa.

Es común que en una negociación se consideren "poco importantes" aquellas preocupaciones de la otra parte que no se perciben como obstáculos para llegar a un acuerdo. Por el contrario, la comunicación clara y convincente de lo que usted quiere decir y que ellos quisieran oír, puede ser una de las mejores inversiones que usted haga como negociador.

Analice la negociación sobre transferencia de tecnología durante la Conferencia sobre la Ley del Mar. Desde 1974 hasta 1981 se reunieron en Nueva York y en Ginebra los representantes de unas 150 naciones con el fin de formular reglas para el uso del océano, desde el derecho de pesca hasta la explotación de las minas de manganeso en la plataforma oceánica profunda. En un momento dado, los representantes de los países en desarrollo expresaron su interés en un intercambio de tecnología; sus países deseaban la posibilidad de adquirir de las naciones industrializadas técnicas avanzadas y equipos para la minería en profundidad en el océano.

Los Estados Unidos y otros países desarrollados no vieron dificultad alguna en satisfacer ese deseo —y por lo tanto consideraban el asunto de la transferencia de tecnología como algo sin importancia. En cierto modo, para ellos no era importante, pero cometieron un grave error al *tratar* el asunto como si no lo fuera. Si hubieran dedicado bastante tiempo a los arreglos prácticos para la transferencia de tecnología, su ofrecimiento hubiera sido mucho más creíble y atractivo para los países en desarrollo. Por tratar el asunto como algo de poca importancia que podía discutirse después, los países industrializados perdieron una oportunidad poco costosa de dar a los países en desarrollo un beneficio considerable y un incentivo real para lograr acuerdos con otros aspectos del problema.

Busque oportunidades de ser inconsistente con sus percepciones. Quizá la mejor manera de alterar sus percepciones sea la de enviar un mensaje distinto del que esperan. Un ejemplo sobresaliente de este tipo de acción es la visita del presidente Sadat de Egipto a Jerusalén en noviembre de 1977. Los israelís veían en Sadat y en Egipto a un enemigo, el hombre y el país que los habían atacado por sorpresa cuatro años antes. Para alterar esta percepción, y tratar de convencer a los israelís de que también él deseaba la paz, Sadat viajó a la capital enemiga, una capital en disputa que ni siquiera el mejor amigo de Israel, los Estados Unidos, reconocía. En vez de actuar como un enemigo, Sadat actuó como un socio. Sin esta dramática acción es difícil imaginar que se hubiera podido firmar el tratado de paz entre Egipto e Israel.

Haga que les interese el resultado dándoles participación en el proceso. Si no participan en el proceso, es poco probable que aprueben el resultado. Es así de sencillo. Si usted, preparado para la batalla, va a entrevistarse con el superintendente de seguros del Estado después de una larga investigación, no le sorprenda que él se sienta amenazado y se resista ante las conclusiones que usted le expone. Si usted no le pregunta a un empleado si desea una misión con mucha responsabilidad, no se sorprenda si se resiente. Y si quiere que la otra parte acepte una conclusión desagradable, lo esencial es que la involucre en el proceso para llegar a esa conclusión.

Esto es precisamente lo que las personas no se proponen hacer. Cuando hay algo difícil que ejecutar, el instinto es dejar la parte difícil para lo último. "No iremos a ver al superintendente hasta que no tengamos el asunto perfectamente claro". Sin embargo, es mucho más probable que el superintendente acepte revisar la reglamentación si él participa. De esta manera, la revisión es solo un paso en el largo proceso del cual resultaron sus reglamentaciones originales, en lugar del intento de otra persona de acabar con lo que él hizo.

En Suráfrica, los blancos moderados trataron en un momento dado de derogar las leyes discriminatorias. ¿Cómo? Reuniéndose en un comité parlamentario integrado únicamente por blancos para discutir las propuestas. Sin embargo,

por meritorias que hubieran sido las propuestas, siempre serían insuficientes, no necesariamente por su contenido, sino
por ser el resultado de un proceso en el cual no se incluyó
a los negros. Los negros entenderían, "Nosotros los blancos,
seres superiores, vamos a ver cómo se pueden solucionar sus
problemas". Sería de nuevo "la responsabilidad del hombre
blanco", que era el problema por donde habría que empezar.

Aun si los términos de un acuerdo parecen ser favorables,
la otra parte puede rechazarlos, simplemente por sospechar
que ello se debe a su exclusión del proceso. El acuerdo es
mucho más fácil si ambas partes se sienten dueñas de las
ideas. El proceso de negociación se fortalece a medida que
cada una de ellas aprueba poco a poco las partes de la solución
que se está desarrollando. Cada crítica a los términos y el
cambio subsiguiente, cada concesión, es el distintivo personal
del negociador en una propuesta. Se logra una propuesta
que contiene lo suficiente de las sugerencias de cada una de
las partes como para que cada una la sienta como propia.

Si quiere involucrar a la otra parte, involúcrela temprana-
mente. Pida su parecer. Darle crédito generosamente por
sus ideas, siempre que esto sea posible, lo comprometerá
a defender esas ideas. Quizá sea difícil resistir la tentación
de tomar el crédito para usted mismo, pero la tolerancia da
excelentes frutos. Con excepción de los méritos sustanciales,
el sentimiento de participación en el proceso es el factor más
importante en la decisión de un negociador de aceptar una
propuesta. En cierto modo, el proceso *es* el producto.

**Quedar bien: haga que sus propuestas compaginen con
sus valores**. En inglés, "quedar bien" tiene implicaciones negativas. Se dice, "Hacemos esto solo para permitirles quedar
bien", con la implicación de que se ha simulado algo para
permitir que alguien acepte algo sin sentirse mal. El tono
implica ridiculización.

Esto es una mala comprensión del papel y de la importancia de quedar bien. Quedar bien refleja la necesidad de una
persona respecto a conciliar la posición que asume en una

negociación o acuerdo, con sus principios y con sus palabras y hechos pasados.

El proceso judicial tiene que ver con el mismo problema. Cuando un juez escribe un concepto sobre la decisión de la Corte, están quedando bien, no solamente él y el sistema judicial, sino también las partes. En lugar de decirle a una parte "Usted gana", y a la otra, "Usted pierde", él explica de qué manera su decisión es concorde con los principios, la ley y la jurisprudencia. No quiere parecer arbitrario, sino mostrar que se está comportando correctamente. Lo mismo sucede con un negociador. En una negociación es frecuente que las personas sigan resistiendo, no porque la propuesta en consideración sea inaceptable en sí misma, sino porque quieren evitar el sentimiento o la apariencia de que están retrocediendo frente a la otra parte. Si la sustancia puede expresarse o conceptualizarse en forma diferente, de manera que se vea como un resultado justo, entonces la aceptarán. Los términos negociados entre una gran ciudad y una comunidad hispana sobre cargos municipales eran inaceptables para el alcalde —hasta que se retiró el acuerdo y se permitió que el alcalde lo anunciara en los mismos términos, como si fuera su propia decisión, cumpliendo así una de las promesas de su campaña.

Quedar bien implica la conciliación de un acuerdo con los principios y con la autoimagen de los negociadores. No debe subestimarse su importancia.

Emoción

En una negociación, especialmente en un fuerte desacuerdo, los sentimientos pueden ser más importantes que las palabras. Las partes pueden estar más dispuestas para la batalla que para encontrar juntas la solución a un problema común. Con frecuencia inician una negociación sabiendo de antemano que los riesgos son grandes y sintiéndose amenazadas. Las emociones de una parte generarán emociones en la otra. El temor puede producir ira, y la ira, temor. Las emociones pueden conducir a que la negociación se estanque o se rompa rápidamente.

Primero reconozca y comprenda las emociones, las de ellos y las suyas. Analícese durante la negociación. ¿Se siente nervioso? ¿Tiene el estómago trastornado? ¿Siente ira hacia la otra parte? Escúchelos y trate de percibir cuáles son sus emociones. Puede ser útil escribir cómo se siente usted —tal vez atemorizado, preocupado, enojado— y después cómo le gustaría sentirse —seguro, relajado. Haga lo mismo respecto a la otra parte.

Cuando se discute con negociadores que representan una organización, es fácil tratarlos como si fueran simples representantes sin emociones. Es importante recordar que también ellos, lo mismo que usted, tienen sentimientos personales, temores, esperanzas, y sueños. Puede ser que estén arriesgando su carrera. O haber aspectos en los que son especialmente sensibles, y otros en los que son particularmente orgullosos. El problema de las emociones no se limita a los negociadores. Los electores también son emotivos. Un elector puede tener un punto de vista sobre el problema todavía más simplista y radical.

Indague acerca de lo que está produciendo las emociones. ¿Por qué está usted enojado? ¿Por qué lo están ellos? ¿Están reaccionando ante ofensas pasadas y buscando la venganza? ¿Se están transfiriendo las emociones de un aspecto del problema a los demás? ¿Los problemas personales en el hogar están interfiriendo la negociación? En las negociaciones del Medio Oriente, los israelís y los palestinos se sienten amenazados en su existencia como pueblos y han desarrollado poderosas emociones que ahora penetran aun en los problemas más prácticos, como la distribución del agua en la Ribera Occidental, de manera que es casi imposible discutirlos y resolverlos. Debido a que en el contexto más amplio ambos pueblos sienten que se arriesga su supervivencia, todos los asuntos los ven en términos de ésta.

Procure que las emociones se hagan explícitas y reconózcalas como legítimas. Discuta con las personas de la otra parte sobre sus emociones. Exprese las suyas. No perjudica decir, "Sabe, nuestra gente siente que nos han tratado mal y están muy agitados. Tememos que aunque se logre un acuerdo, no se respetará. Puede que sea racional o que no lo sea, pero ésa es nuestra preocupación. Personalmente, creo que podemos estar equivocados al pensar así, pero muchos se sienten así. ¿Su propia gente también se siente así?". Hacer explícitas sus propias emociones y las de otros y enfocar la discusión hacia ellos, no solamente resalta la seriedad del problema, sino que también hará que las negociaciones sean menos reactivas y más "pro-activas". Al liberarse del peso de emociones inexpresadas, las personas estarán probablemente mejor dispuestas a trabajar en la solución del problema.

Permita que la otra parte se desahogue. Con frecuencia, una buena manera de manejar la ira, la frustración y los otros sentimientos negativos de las personas, es ayudarles a que desahoguen esos sentimientos. Y pueden obtener un gran alivio psicológico mediante el sencillo procedimiento de expresar sus quejas. Si usted, señora, llega a su casa con el deseo de contarle a su marido todo lo que no salió bien en la oficina, se frustrará aún más si él le dice: "No te pongas a contarme; seguramente tuviste un día difícil. Olvidémoslo". Lo mismo les sucede a los negociadores. Además, si un negociador pronuncia indignado un discurso y con ello les muestra a sus electores que no es "suave", es posible que le den más libertad en la negociación. Entonces podrá contar con su fama de inconmovible para protegerse de la crítica más tarde, si finalmente llega a un acuerdo.

Por lo tanto, en lugar de interrumpir discursos polémicos o de abandonar la reunión, tal vez usted decida controlarse, quedarse en su sitio, y permitirles que le expresen sus quejas. Si los electores están escuchando, estas ocasiones les pueden

ser propicias para desahogar sus emociones, tanto como las
del negociador. Quizás la mejor estrategia mientras la otra
parte se desahoga es escuchar en silencio, sin responder a
sus ataques, y pedir al que tiene la palabra que continúe
hasta terminar. De esta manera, usted minimiza su apoyo
a los aspectos explosivos, permite que el orador se desahogue
hasta el final, y deja poco o ningún residuo de aquellos aspectos que puedan inflamarse.

No reaccione ante un estallido emocional. El desahogo
de las emociones puede ser peligroso si conduce a una reacción
desmedida, es decir, a una turbación del ánimo. Si tal desbor-
damiento no se controla, puede resultar en una riña violenta.
Una técnica efectiva y poco usual de controlar el impacto
de las emociones, fue utilizada en la década de 1950 por
el Comité de Relaciones Humanas, un grupo conjunto de
empresarios y trabajadores que se organizó para solucionar
los conflictos en su comienzo, antes que se convirtieran en
problemas serios. Los miembros del Comité adoptaron la
regla de que solamente una persona podía enojarse cada vez.
Esto garantizaba que otros no respondieran en forma iracun-
da a un estallido de ira. También con esto se lograba que
fuera más fácil desahogarse, justificando el estallido: "Está
bien. Es su turno". Además, dicha regla ofrece la ventaja
de que le ayuda a las personas a controlar sus emociones.
Una infracción a la regla implica que usted se ha descontrola-
do, de modo que usted queda mal.

Use gestos simbólicos. Todo enamorado sabe que para
poner fin a una pelea, el gesto sencillo de traer una rosa
roja es muy efectivo. Actuaciones que pueden producir un
impacto emocional constructivo en la otra parte, con frecuencia implican un pequeño o ningún costo para la otra. Una
nota de pésame, una manifestación de condolencia, una visita
al cementerio, un sencillo regalo para un nieto, darse la mano
o un abrazo, una comida juntos, todos estos actos pueden
ser oportunidades valiosas para mejorar una situación emocional hostil a poco costo. En muchas ocasiones, presentar

una excusa puede efectivamente suavizar los ánimos, aun cuando usted no quiera reconocer su responsabilidad personal en la acción ni admitir la intención de hacer daño. Presentar excusas es, pues, una de las inversiones mejores y menos costosas que usted puede hacer.

Comunicación

Sin comunicación no hay negociación. Esta última es un proceso de comunicación con el cual se busca respaldar el propósito de obtener una decisión conjunta. La comunicación nunca es fácil, ni aun entre personas que tienen muchos méritos o valores y experiencias comunes. Las parejas que han vivido juntas durante treinta años, todavía tienen malentendidos todos los días. No es pues sorprendente que haya poca comunicación entre personas que aún no se conocen bien y que pueden sospechar del otro o sentirse hostiles. Independientemente de lo que usted diga, debe esperar a que la otra parte, casi siempre, oiga algo diferente.

En la comunicación se dan tres grandes problemas: primero, los negociadores pueden no estar dirigiéndose al otro u otros, o, por lo menos, no de manera que puedan ser comprendidos. De ordinario, cada parte se ha dado por vencida respecto de la otra, y esto hace que ya no intenten una comunicación seria. En cambio, hablan solo para impresionar a los circunstantes o a sus electores. En vez de intentar dirigirse con su oponente hacia un acuerdo mutuamente aceptable, tratan de echarle zancadilla. En lugar de tratar de convencer a su pareja de que adopten aptitudes más constructivas o dar pasos más eficientes, se esfuerzan por convencer a los electores o espectadores a que se dividan. La comunicación efectiva entre las partes es prácticamente imposible si cada una está pendiente de la actitud del público, es decir, de los demás.

Aunque usted le hable a la otra parte en forma directa y clara, es posible que ella no lo escuche. Este es el segundo problema en la comunicación. Observe con cuánta frecuencia las personas parecen no prestar atención a lo que usted dice. Probablemente con la misma frecuencia usted será incapaz de repetir lo que ellas han dicho. En una negociación, puede suceder que usted esté tan ocupado pensando en lo próximo que va a decir, en cómo va a responder a ese último punto o en la manera de expresar su próxima argumentación, que se le olvide escuchar lo que la otra parte está diciendo ahora. O usted puede estar escuchando con mayor atención a sus electores que a la otra parte. Al fin y al cabo, es a sus electores a quienes debe rendir cuentas por los resultados de la negociación. Son ellos a quienes está tratando de satisfacer, y por tanto, no es sorprendente que usted quiera prestarles mucha atención. Pero si usted no escucha lo que dice la otra parte, no habrá comunicación.

El tercer problema en la comunicación son los malentendidos. Lo que el uno dice puede ser malinterpretado por el otro. Aun cuando los negociadores están en la misma habitación, la comunicación del uno al otro puede parecer como el envío de señales de humo cuando hace mucho viento. Cuando las partes hablan idiomas diferentes, la posibilidad de malas interpretaciones se multiplica. Por ejemplo, en idioma persa, la palabra ''compromiso'' parece carecer del significado positivo que tiene en inglés como ''una solución intermedia que ambos pueden aceptar'', y tener solo un significado negativo como en "nuestra integridad se vio comprometida". De manera similar, la palabra "mediador" en persa sugiere "entrometido", alguien que interviene sin ser invitado. A principios de 1980 el Secretario General de las Naciones Unidas fue a Irán a buscar la liberación de los rehenes estadounidenses. Sus esfuerzos se vieron seriamente contrarrestados cuando la radio y la televisión iraníes informaron en persa un comentario que él había hecho a su llegada a Teherán: "He venido como *mediador* a tratar de llegar a un *compromiso*". Una hora

mediador a tratar de llegar a un *compromiso*". Una hora
después de la emisión, una turba de indignados iraníes
apredreaba su automóvil.

¿Qué puede hacerse frente a estos tres problemas de
comunicación?

Escuche atentamente y reconozca lo que dicen. La necesidad de escuchar es evidente, y sin embargo es difícil escuchar
bien, sobre todo bajo la presión de una negociación. Escuchar
le permite a usted comprender sus percepciones, sentir sus
emociones, y oír lo que tratan de decir. Escuchar activamente
o con atención mejora no solo lo que usted oye, sino también
lo que ellos dicen. Si usted escucha con atención e interrumpe
ocasionalmente para decir, "¿Entendí correctamente que usted
está diciendo que...?", la otra parte se dará cuenta de que
usted no está simplemente matando el tiempo, sencillamente
cumpliendo una rutina. Además, sentirán la satisfacción de
ser escuchados y comprendidos. Se ha dicho que la menos
costosa de las concesiones que se le puede hacer a la otra
parte es hacerle saber que ha sido escuchada.

Las técnicas acostumbradas de saber escuchar consisten
en prestar atención a lo que se está diciendo, pedir a la otra
parte que diga detalladamente en forma cuidadosa y clara
exactamente lo que quiere decir, y solicitar que se repitan
las ideas si hay alguna ambigüedad o incertidumbre. Propón-
gase que mientras escucha no va a estar pensando en la respuesta, sino a tratar de comprender a la otra parte como ella
se ve a sí misma. Tenga en cuenta sus percepciones, sus necesidades y sus limitaciones.

Muchos creen que una buena táctica es no prestar mucha
atención a los argumentos de la otra parte, y no admitir ninguna legitimidad en su punto de vista. Un buen negociador
hace exactamente lo contrario. A menos que usted reconozca
lo que están diciendo y demuestre que lo comprende, ellos
pueden creer que no los ha oído. Entonces, cuando usted
trate de explicar un punto de vista diferente, ellos supondrán
que usted todavía no ha entendido lo que quieren decir. Se
dirán a sí mismos: "Le expuse mi punto de vista, pero ahora

está diciendo algo diferente, de modo que no debe haber
entendido". Entonces, en vez de escuchar su argumento, estarán pensando en la manera de presentar el punto de vista
de ellos en otra forma, con la esperanza de que ahora sí
lo comprenda. En ese caso, demuéstreles que usted ha comprendido. "Permítame ver si he entendido lo que usted dice.
Desde su punto de vista, la situación es la siguiente...".

Cuando repita lo que usted crea que ellos han dicho, ex-
préselo en forma *positiva* desde su punto de vista, dando
toda la fuerza a sus argumentos. Podría decir: "Ustedes tienen un argumento fuerte. Déjenme ver si puedo explicarlo.
Me parece que es de la manera siguiente...". Comprender
no es lo mismo que estar de acuerdo. Es posible, a la vez,
entender perfectamente y estar en total desacuerdo con lo
que dice la otra parte. Pero a menos que logre convencerlos
de que entiende su manera de verlo, usted no podrá explicarles
su propio punto de vista. Una vez que usted ha explicado
el punto de vista ajeno, exponga los problemas que usted
le ve a la propuesta del otro. Si es capaz de explicar su punto
de vista mejor que ellos mismos, y después lo refuta, usted
maximiza la posibilidad de iniciar un diálogo constructivo
basado en los méritos y minimiza la posibilidad de que ellos
crean que no los ha comprendido.

Hable con el fin de que se le entienda. Háblele a la otra
parte. Es fácil olvidar que una negociación no es un debate.
Tampoco es un juicio. Usted no está tratando de convencer
a una tercera parte. La persona a quien usted está tratando
de convencer, está sentada alrededor de la misma mesa. Si
una negociación puede compararse con un procedimiento legal, la situación se parece a la de dos jueces tratando de
ponerse de acuerdo sobre cómo decidir un caso. Intente si-
tuarse en ese papel, tratando a su oponente como si fuera
un juez, colega suyo, con quien usted trata de formular una
opinión conjunta. En este contexto, es evidente que no se
logrará persuadir si se culpa a la otra persona por el problema,
si se insulta, o si se levanta la voz. Por el contrario, ayudará

mucho el reconocer explícitamente que ven la situación de manera diferente y tratar de tramitarla como personas que tienen un problema común. Para reducir el efecto dominante y distractor de la prensa, las audiencias domésticas, y de terceras personas, es útil establecer medios privados y confidenciales de comunicación con la otra parte. La comunicación también puede mejorar si se limita el tamaño del grupo en la reunión. Por ejemplo, en las negociaciones de 1954 sobre la ciudad de Trieste, se obtuvo poco progreso en las conversaciones entre Yugoslavia, Gran Bretaña y los Estados Unidos, hasta que los tres negociadores principales abandonaron sus delegaciones y empezaron a reunirse solos y de manera informal en una casa privada. Puede defenderse la idea de cambiar el atractivo lema de Woodrow Wilson "Convenios abiertos logrados en forma abierta" por "Convenios abiertos logrados en forma privada".

Independientemente del número de personas que intervengan en una negociación, las decisiones importantes se logran por lo general cuando no hay más de dos personas presentes en la habitación.

Hable sobre usted mismo, no sobre ellos. En muchas negociaciones, cada una de las partes explica y condena extensamente las motivaciones y las intenciones de la otra parte. Sin embargo, es más persuasivo describir el problema en términos del impacto que tuvo en usted que en términos de lo que ellos hicieron y por qué: "Me siento desilusionado", en lugar de "Usted no cumplió su palabra". "Sentimos que se discrimina en contra nuestra", en lugar de "Usted es racista". Si usted afirma algo sobre ellos que ellos consideran falso, no lo tendrán a usted en cuenta o se enojarán; no se concentrarán en su preocupación. Pero una afirmación sobre sus propios sentimientos es difícil de objetar. Usted proporciona la misma información sin provocar una reacción defensiva que les impedirá tenerla en cuenta.

Hable con un propósito. A veces el problema no se debe a que haya poca comunicación, sino a que hay demasiada.

Cuando existe ira y percepciones erróneas, es mejor no decir ciertas cosas. En otras ocasiones, una declaración completa de lo muy flexible que es usted podrá hacer que un acuerdo sea más difícil y no más fácil de lograr. Si usted me dice que está dispuesto a vender una casa por $ 80 000 después que yo he dicho que estaría dispuesto a pagar hasta $ 90 000, podrá ser más difícil que logremos ponernos de acuerdo que si usted no hubiera dicho nada. La moraleja es: antes de decir algo significativo, esté seguro de lo que quiere comunicar o averiguar, y esté seguro del objetivo que se logrará con esa información.

Es mejor prevenir

Las técnicas que hemos descrito para tratar los problemas de las percepciones, las emociones y la comunicación, son por lo general útiles. Sin embargo, el mejor momento para solucionar el problema de las personas es antes que el problema se presente. Esto implica crear una relación personal y organizacional con la otra parte, que sea capaz de proteger a las personas de ambos sectores contra los golpes de la negociación. También implica que el juego de la negociación se estructure de manera que puedan separarse los asuntos sustantivos de la relación y se protejan los egos de las personas para que no se mezclen con la discusión sobre lo sustancial.

Establezca una relación de trabajo. Ayuda mucho conocer a la otra parte personalmente. Es mucho más fácil atribuir intenciones diabólicas a una abstracción desconocida llamada "la otra parte", que a alguien a quien usted conoce personalmente. Tratar con un compañero de clase, un colega, un amigo, o aun el amigo de un amigo, es muy diferente que tratar con un desconocido. Mientras más rápidamente usted pueda convertir a un desconocido en alguien a quien usted conoce, más fácil será probablemente la negociación. Será menos difícil saber de dónde vienen. Ello le da una base de confianza en la que puede apoyarse durante una negociación difícil. Hay rutinas cordiales y conocidas de comunicación. Es más fácil aliviar la tensión con un chiste o con un comentario informal.

El momento adecuado para desarrollar esta relación es antes que empiece la negociación. Trate de conocer a los otros y de averiguar qué les gusta y qué les disgusta. Trate de encontrarse con ellos informalmente; de llegar temprano, antes de la hora fijada para el comienzo de la negociación, y quédese un momento cuando ésta termina. Una de las técnicas favoritas de Benjamín Franklin era pedirle al adversario que le prestara un libro. Esto hacía sentir bien a la persona y le daba el sentimiento agradable de que Franklin le debía un favor.

Enfréntese con el problema, no con las personas. Si los negociadores se perciben como adversarios en un enfrentamiento cara a cara, es difícil separar su relación de la parte sustancial del problema. En ese contexto, cualquier cosa que un negociador diga sobre el problema parece estar dirigida contra el otro en forma personal, y así lo percibe éste. Cada parte tiende a estar a la defensiva, a reaccionar y a pasar por alto los intereses legítimos de la otra parte.

Una manera más efectiva de percibirse mutuamente es como socios en una difícil búsqueda en común por un acuerdo justo y ventajoso para ambos.

Al igual que dos náufragos perdidos en el mar en un bote salvavidas y peleando por las limitadas raciones y provisiones, los negociadores pueden verse inicialmente como adversarios. Quizá cada uno considere al otro como un obstáculo. Sin embargo, para sobrevivir, los náufragos tienen que separar los problemas objetivos y las personas. Será indispensable que identifiquen las necesidades del otro en términos de sombra, medicinas, agua o alimentos. Querrán ir más lejos y afrontar la solución de esas necesidades como un problema común, junto con otros problemas comunes como recoger

el agua de la lluvia, montar guardia y llegar hasta la costa.
Si notan que están compartiendo esfuerzos para solucionar
un problema común, los náufragos serán capaces de conciliar
sus intereses conflictivos y avanzar a la vez en el logro de sus
intereses comunes. Lo mismo sucede con dos negociadores. Por difícil que sea nuestra relación personal, podremos
más fácilmente alcanzar una reconciliación amistosa que haga
concordes nuestros varios intereses si aceptamos esa tarea
como un problema compartido y lo emprendemos juntos.

Para ayudar a que la otra parte modifique su orientación
de un cara a cara hacia un lado a lado, usted puede discutir
con ellos el asunto explícitamente. "Mire, ambos somos abogados (diplomáticos, hombres de negocios, parientes, etc.).
A menos que tratemos de satisfacer sus intereses, será imposible que logremos un acuerdo que satisfaga los míos, y viceversa. Examinemos juntos el problema de cómo satisfacer nuestros intereses comunes". O usted puede empezar a actuar
como si la negociación fuera un proceso conjunto y con sus
acciones determinar que ellos deseen hacer lo mismo.

Es útil sentarse literalmente del mismo lado de la mesa
y tener a la vista el contrato, el mapa, las hojas de papel,
o cualquier otra cosa que explique el problema. Si se ha establecido una base de mutua confianza, mucho mejor. Pero
por precaria que sea la relación, trate de estructurar la negociación como si fuera una actividad común compartida por
ambos —con sus diferentes intereses y percepciones, y con
su compromiso emocional.

La separación de las personas del problema no es algo
que puede hacerse de una vez y que luego puede olvidarse;
hay que seguir trabajando en ese sentido. Lo esencial es tratar
a las personas como a seres humanos y al problema según
sus méritos. Los tres próximos capítulos tratan sobre cómo
hacer esto último.

3 | Concéntrese en los intereses, no en las posiciones

Piense en la historia de dos hombres que están peleando en una biblioteca. Uno de ellos quiere abrir la ventana y el otro quiere que la ventana se cierre. Discuten sobre qué tan abierta debe quedar la ventana: apenas una rendija, la mitad, tres cuartos. Ninguna solución logra satisfacerlos a ambos.

Entonces entra la bibliotecaria. Le pregunta al uno por qué quiere abrir la ventana: "Para obtener aire fresco". Le pregunta al otro por qué quiere cerrar la ventana: "Para que no haya corriente". Después de pensarlo un momento, la bibliotecaria abre una ventana en la habitación contigua, logrando así que entre aire fresco, sin que haya corriente.

Para que la solución sea prudente, concilie los intereses, no las posiciones

La historia antedicha es típica de muchas negociaciones. Como el problema parece ser un conflicto de posiciones entre las partes, y como su meta es ponerse de acuerdo sobre una posición, tienden naturalmente a pensar y a hablar sobre las posiciones —y al hacerlo, con frecuencia llegan a un *impasse*.

Si la bibliotecaria se hubiera concentrado en las posiciones de los dos hombres, en si la ventana debía cerrarse o abrirse, no hubiera podido inventar una solución. Pero ella se fijó en los intereses subyacentes de querer aire fresco pero no querer una corriente. Esta diferencia entre posiciones e intereses es fundamental.

Los intereses definen el problema. El problema básico en una negociación no es el conflicto entre posiciones, sino el conflicto entre las necesidades, deseos, preocupaciones y temores de las partes. Ellas pueden decir:

"Estoy intentando disuadirlo de que urbanice la propiedad vecina".

O "No estamos de acuerdo. El quiere $ 100 000 por la casa. Yo no pagaré un centavo más de $ 95 000".

Pero en el nivel más básico el problema es:

"El necesita dinero; yo quiero paz y tranquilidad".

O "El necesita por lo menos $ 100 000 para poder llegar a un arreglo con su ex-esposa. Yo le dije a mi familia que no pagaría más de $ 95 000 por una casa".

Estos deseos y preocupaciones son *intereses*. Los intereses motivan a las personas; son el resorte silencioso detrás de todo el ruido de las posiciones. Su posición es algo que usted decidió. Lo que lo impulsó a decidir son sus intereses.

El tratado de paz entre Egipto e Israel que se planteó en Camp David en 1978, demuestra la utilidad de examinar lo que motiva las posiciones. Israel había ocupado el territorio egipcio de la Península del Sinaí desde la guerra de los Seis Días en 1967. Cuando Egipto e Israel se reunieron en 1978 para negociar una paz, sus posiciones eran incompatibles. Israel insistía en conservar una parte del Sinaí. Por su parte, Egipto insistía en que debía devolverse a su soberanía hasta la última pulgada del Sinaí. Una y otra vez, se dibujaron mapas que mostraban posibles fronteras para dividir el Sinaí entre Egipto e Israel. Aceptar un compromiso de este tipo era totalmente imposible para Egipto. Para Israel, era igualmente inaceptable regresar a la situación de 1967.

La distinción entre sus intereses y sus posiciones hizo

posible el logro de una solución. El interés de Israel era su seguridad; no quería que hubiera tanques egipcios en la frontera, listos para cruzarla en cualquier momento. El interés de Egipto era la soberanía; el Sinaí había pertenecido a Egipto desde la época de los faraones. Egipto había recobrado su plena soberanía muy recientemente, después de siglos de dominación por griegos, romanos, turcos, franceses y británicos, y no estaba dispuesto a ceder territorio a ningún conquistador extranjero.

En Camp David, el presidente Sadat de Egipto y el primer ministro Begin de Israel aceptaron un plan que devolvía el Sinaí a la plena soberanía egipcia, y que garantizaba la seguridad de Israel desmilitarizando grandes áreas. La bandera de Egipto ondearía en todas partes, pero no habría tanques egipcios en las cercanías de Israel.

La conciliación de los intereses y no de las posiciones es efectiva por dos razones: primera, porque existieron generalmente varias posiciones que podrían satisfacer un interés. Con demasiada frecuencia las personas adoptan la más obvia de las posiciones, como hizo Israel cuando anunció que conservaría una parte del Sinaí. Cuando se buscan los intereses que motivan las posiciones opuestas es posible, a menudo, encontrar una posición alterna que satisface no solamente sus propios intereses sino los de la otra parte. En el Sinaí, la desmilitarización era una de estas alternativas.

La conciliación de los intereses y no de las posiciones también es efectiva porque tras las posiciones opuestas hay muchos otros intereses, además de los que puedan oponerse. **Tras las posiciones opuestas hay intereses compartidos y compatibles, además de los conflictivos.** Tenemos la inclinación a suponer que porque las posiciones de la otra parte se oponen a las nuestras, sus intereses también se oponen. A nosotros nos interesa defendernos, luego a ellos les interesa atacarnos. Si a nosotros nos interesa que el arriendo sea bajo, a ellos debe interesarles que sea alto. Sin embargo, en muchas negociaciones, un análisis detallado de los intereses subyacentes mostrará la existencia de más intereses comunes y compatibles que de intereses opuestos.

Por ejemplo, analice los intereses que un arrendatario comparte con su posible arrendador:

1. Ambos quieren estabilidad. El arrendador quiere un arrendatario estable; el arrendatario quiere tener una dirección permanente.

2. A ambos les gustaría que el apartamento se mantuviera en buen estado. El arrendatario va a vivir en él; el arrendador quiere aumentar el valor del apartamento y la buena fama del edificio.

3. A ambos les interesa mantener una buena relación. El arrendador quiere un arrendatario que pague el arriendo cumplidamente; el arrendatario quiere un arrendador sensato que haga los arreglos necesarios.

Pueden tener otros intereses que no son conflictivos sino diferentes. Por ejemplo:

1. El arrendatario puede no querer estar en el apartamento mientras la pintura está fresca, porque es alérgico. El arrendador no deseará pagar los costos de pintar todos los otros apartamentos.

2. El arrendador querría la seguridad de un pago de contado por adelantado del primer arriendo, y tal vez lo quiera para mañana. El arrendatario, sabiendo que éste es un buen apartamento, puede mostrarse indiferente sobre si pagar mañana o más tarde.

Cuando se miran a la luz de la lógica estos intereses compartidos y diferentes, los intereses opuestos sobre el precio del arriendo pueden ser más fáciles de manejar. Probablemente, los intereses compartidos darán lugar a un contrato de arrendamiento por largo tiempo, a un acuerdo para compartir los gastos de mejorar el apartamento, y a que cada parte se esfuerce por complacer a la otra, con miras a obtener una buena relación. Quizá los intereses divergentes se puedan conciliar realizando un pago de contado mañana y un acuerdo para que el arrendador haga pintar el apartamento y el arrendatario compre la pintura. El monto preciso del arriendo es lo único que falta por decidir, y el mercado de apartamentos para arrendar habrá de definirlo bastante bien.

Con frecuencia es posible lograr acuerdos, precisamente porque hay intereses diferentes. A usted y al vendedor de zapatos pueden interesarles tanto el dinero como los zapatos. Relativamente el interés de él en los treinta dólares excede su interés en los zapatos. Para usted, la situación es al revés: le gustan los zapatos más que los treinta dólares. Por eso es posible el acuerdo. Tanto los intereses compartidos como los intereses diferentes pero complementarios, pueden ser las bases de un acuerdo prudente.

¿Cómo se identifican los intereses?

La ventaja de analizar las posiciones para encontrar los intereses subyacentes está clara. Cómo hacerlo es menos claro. Por lo general, una posición es concreta y explícita; pero los intereses subyacentes pueden ser implícitos, intangibles, y tal vez inconsistentes. ¿Cómo se procede para comprender los intereses que entran en una negociación, recordando que entender los intereses de la otra parte es por lo menos tan importante como comprender los propios?

Pregunte: "¿Por qué?" Una técnica básica es ponerse en el lugar del otro. Analice cada una de las posiciones que asume y pregúntese: "¿por qué?" ¿Por qué, por ejemplo, su arrendador prefiere fijar el precio del arriendo anualmente, en un contrato a cinco años? La posible respuesta, protegerse contra aumentos en los costos, es probablemente uno de sus intereses. También usted puede preguntarle al arrendador por qué asume determinada posición. Si lo hace, diga con claridad que no está pidiendo una justificación para su posición, sino una comprensión de sus necesidades, esperanzas, temores, y deseos. "¿Cuál es su preocupación básica, señor Jones, al no querer que el contrato sea por más de tres años?"

Pregunte: "¿Por qué no?" Piense sobre la opción del otro. Una de las maneras más útiles de descubrir los intereses es identificar primero la decisión básica que la otra parte probablemente cree que usted le está pidiendo, y después preguntarse por qué no la han tomado. ¿Cuáles son los intereses que les impide hacerlo? Si usted quiere que cambien de opinión, debe empezar por descubrir qué opinión tienen en la actualidad.

Piense, por ejemplo, en las negociaciones entre los Estados Unidos e Irán en 1980 sobre la liberación de los cincuenta y dos diplomáticos norteamericanos retenidos como rehenes en Teherán por estudiantes militantes. Aunque se presentaron muchos obstáculos graves para la solución de la disputa, puede iluminarse el problema simplemente analizando la opción de un líder estudiantil típico. La exigencia de los Estados Unidos era clara: "Liberen a los rehenes". Durante la mayor parte de 1980 la opción de cada líder estudiantil debe haber sido algo así como la que se muestra en la hoja de balance más abajo.

Si la opción de un líder estudiantil típico era aproximadamente ésta, es comprensible por qué los estudiantes militantes retuvieron a los rehenes tanto tiempo: por increíble e ilegal que hubiera sido la retención inicial, una vez retenidos los rehenes no era irracional que los estudiantes *siguieran* reteniéndolos, a la espera de un momento más oportuno para liberarlos.

Al reconstruir la opción que la otra parte percibe en un momento dado, la primera pregunta que se debe hacer es "¿De quién es la decisión que quiero afectar?" La segunda pregunta es qué decisión perciben las personas de la otra parte que usted les está pidiendo que tomen. Si *usted* no

La opción, como la percibe un líder estudiantil iraní.

La pregunta que debe responderse: "¿Debo presionar para que se libere a los rehenes norteamericanos de inmediato?"

SI DIGO QUE SI	SI DIGO QUE NO
— Traiciono la revolución.	+ Defiendo la revolución
— Se me criticará por ser pro-americano	+ Se me alabará por defender el Islam.
— Probablemente los otros no estarán de acuerdo conmigo; si lo están y liberamos a los rehenes, entonces:	+ Probablemente todos permaneceremos unidos.
	+ Tenemos una visibilidad fantástica por medio de la TV para contarle nuestras quejas al mundo entero.
— Irán parece débil.	+ Irán parece fuerte.
— Cedemos frente a los Estados Unidos.	+ Nos mantenemos firmes frente a los Estados Unidos.
— No obtenemos nada (ni al Sha ni el dinero).	+ Es posible que obtengamos algo (al menos nos devuelven nuestro dinero).
— No sabemos lo que harán los Estados Unidos.	+ Los rehenes proporcionan alguna protección contra una intervención norteamericana.

PERO:

+ Existe la posibilidad de
  que terminen las sanciones
  económicas.

+ Nuestras relaciones con
  otros países, especialmente
  en Europa, pueden mejorar.

PERO:

— Sin duda continuarán las
  sanciones económicas.

— Nuestras relaciones con
  otros países, especialmente
  en Europa se deteriorarán.

— Continuarán la inflación y
  los problemas económicos.

— Existe el riesgo de que los
  Estados Unidos tomen acciones militares (pero la
  muerte de un mártir es la
  más gloriosa).

SIN EMBARGO:

+ Los Estados Unidos pue-
  den hacer nuevas concesiones sobre nuestro dinero,
  no intervención, suspensión
  de sanciones, etc.

+ Siempre será posible liberar a los rehenes más tarde.

---

tiene la menor idea de lo que ellos creen que les está pidiendo,
puede ser que *ellos* tampoco la tengan. Eso solo puede explicar
por qué no toman la decisión que usted querría.

Ahora analice las consecuencias, como las vería probablemente la otra parte, de tomar o rechazar la decisión que usted les pide. La siguiente lista de cotejo de consecuencias puede ayudarle:

Impacto en mis intereses
- ¿Ganaré o perderé apoyo político?
- ¿Los colegas me criticarán o me alabarán?

Impacto en los intereses del grupo
- ¿Cuáles serán las consecuencias a corto plazo? ¿Las consecuencias a largo plazo?
- ¿Cuáles serán las consecuencias económicas (políticas, legales, psicológicas, militares, etc.)?
- ¿Cuáles serán los efectos sobre los partidarios externos y la opinión pública?
- ¿Será un precedente bueno o malo?
- ¿Tomar esta decisión impedirá hacer algo mejor?
- ¿Es esta acción coherente con nuestros principios? ¿Es "correcta"?
- Si lo deseo, ¿puedo hacerlo más tarde?

En todo este proceso sería un error tratar de obtener gran precisión. Solo de vez en cuando se encontrará usted con alguien que para tomar decisiones escriba los pros y los contras. Usted está tratando de entender una opción muy humana, no está haciendo un cálculo matemático.

Dese cuenta de que cada parte tiene intereses múltiples. En casi toda negociación cada parte tiene muchos intereses, no solamente uno. Como arrendatario, en la negociación de un arriendo, por ejemplo, usted puede desear un acuerdo favorable, lograrlo rápidamente y con poco esfuerzo, y mantener una buena relación con el arrendador. Usted estará interesado no solamente en *afectar* el acuerdo al que lleguen, sino también en *efectuar* un acuerdo. Estará persiguiendo simultáneamente tanto sus intereses independientes como sus intereses compartidos.

Uno de los errores comunes en el diagnóstico de una situación de negociación es suponer que cada persona de la otra parte tiene los mismos intereses. Esto casi nunca sucede. Durante la guerra de Vietnam, el presidente Johnson tenía el hábito de poner en la misma categoría a todos los diferentes miembros del gobierno de Vietnam del Norte, al Vietcong en el Sur, y a sus asesores soviéticos y chinos, llamándolos a todos colectivamente "él". "El enemigo tiene que aprender que *él* no puede oponerse a los Estados Unidos impunemente. *El* tiene que aprender que la agresión no da buenos resultados". Será difícil influir sobre ese tipo de "él" (o aun "ellos") para lograr que entren en un acuerdo sobre cualquier cosa si usted no se da cuenta de los intereses diferentes de las diversas personas y facciones implicadas.

Pensar en la negociación como algo entre dos personas, dos partes, puede ayudar, pero no debemos olvidar que generalmente intervienen otras personas, otras partes, y otras influencias. En una negociación sobre el salario de un jugador de béisbol, el gerente general insistía una y otra vez en que un sueldo de $ 500 000 era excesivo para determinado jugador, aunque otros equipos le pagaban por lo menos eso a jugadores de talento similar. En realidad, el gerente creía que su posición era injustificada, pero tenía instrucciones estrictas del propietario del club para que se mantuviera firme, sin explicaciones, porque estaban en dificultades financieras que no querían que fueran conocidas por el público.

Todo negociador tiene unos electores, un público a cuyos intereses él es sensible, sea su empleador, su cliente, su empleado, sus colegas, su familia, o su esposa. Comprender los intereses del negociador significa comprender la variedad de intereses ligeramente diferentes que él debe tener en cuenta.

Los intereses más poderosos son las necesidades humanas básicas. En la búsqueda de los intereses básicos que subyacen en una posición, trate de encontrar particularmente aquellas preocupaciones fundamentales que motivan a todas las personas. Si usted puede tener en cuenta estas necesidades básicas, aumentan las posibilidades de lograr un acuerdo y, si se logra, de que la otra parte lo cumpla. Las necesidades humanas básicas incluyen:

- seguridad
- bienestar económico
- un sentido de pertenencia
- reconocimiento
- control sobre la propia vida.

Por fundamentales que sean, es fácil pasar por alto las necesidades humanas básicas. En muchas negociaciones se tiende a pensar que el único interés es el dinero. Sin embargo, aun en la negociación sobre determinada cantidad de dinero, como en el acuerdo sobre la cuota de alimentos en un juicio de separación matrimonial, pueden influir muchas otras cosas. ¿Qué es lo que una esposa busca en realidad cuando pide $ 500 semanales como cuota de alimentación? Ciertamente, le interesa su bienestar económico, pero además, ¿qué otra cosa? Tal vez quiera el dinero para sentirse segura psicológicamente. También puede desearlo como reconocimiento: para poder sentir que se la trata con justicia y como a un igual. Quizás el esposo no puede pagar $ 500 semanales, y tal vez la esposa no necesita tanto, pero probablemente ella no aceptará menos si su necesidad de seguridad y reconocimiento no se satisface de otra manera.

Lo que puede decirse de los individuos también puede decirse de los grupos y de las naciones. Las negociaciones no tienen probabilidad de progresar mientras una parte crea que la otra está amenazando la satisfacción de sus necesidades humanas básicas. En negociaciones entre los Estados Unidos y México, los Estados Unidos querían un precio bajo por el gas natural de México. Suponiendo que ésta era una negociación sobre dinero, el secretario de Energía de los Estados Unidos se negó a aprobar un aumento de precio que habían acordado los mexicanos con un consorcio petrolero de los Estados Unidos. Debido a que los mexicanos no tenían otro

comprador potencial en ese momento, el secretario supuso
que se verían obligados a rebajar el precio. Pero los mexicanos
no solamente estaban interesados en obtener un buen precio
por el gas, sino que también querían que se los tratara con
respeto y con un sentido de igualdad. La acción de los Estados
Unidos se vio como una nueva imposición y produjo una
reacción de ira. En lugar de vender el gas, el gobierno mexica-
no empezó a quemarlo, y cualquier posibilidad de acuerdo
sobre el precio se hizo políticamente imposible.

Otro ejemplo son las negociaciones sobre el futuro de
Irlanda del Norte; los dirigentes protestantes tienden a pasar
por alto la necesidad que tienen los católicos de un sentido
de pertenencia y de igualdad en el trato. A su vez, los dirigentes católicos parecen no tener muy en cuenta la necesidad
de los protestantes de sentirse seguros. Pensar que los temores
de los protestantes son "problema de ellos" y no una preocupación legítima que requiere y merece atención, hace que
sea mucho más difícil negociar una solución.

Haga una lista. Para clasificar los intereses de las partes
es útil escribirlos a medida que ocurran. Escribirlos no solo
le ayudará a usted a recordarlos, sino que contribuirá a mejorar la calidad de sus juicios a medida que recibe nueva información, y a ubicar los intereses según su orden de importancia. Además, podrá contribuir a que se le ocurran ideas para
tener en cuenta esos intereses.

La discusión sobre los intereses

El objeto de la negociación es favorecer sus intereses. La
posibilidad de que esto ocurra aumenta cuando usted los comunica. Puede suceder que la otra parte no sepa cuáles son
los intereses de usted y que usted no conozca los de ella.
Es posible que uno de ustedes, o ambos, se estén concentran-

do en las ofensas pasadas en lugar de pensar en las preocupaciones futuras. O que ni siquiera se estén escuchando el uno al otro. ¿Cómo se pueden discutir los intereses sin encerrarse en posiciones rígidas?

Si usted quiere que la otra parte tenga en cuenta sus intereses, explíquele cuáles son. Como miembro de un grupo de ciudadanos preocupado por un proyecto de construcción en el vecindario, debe hablar explícitamente sobre problemas tales como la seguridad de los niños y la posibilidad de dormir bien por la noche. El autor que quiere obsequiar muchos de sus libros, debe discutirlo con el editor. Este tiene un interés común en que el libro se promueva, y puede estar dispuesto a ofrecerle un costo reducido al autor.

Haga que sus intereses sean vivos. Si usted va donde el médico con un dolor terrible en su úlcera, no espere que el médico le recete algo apropiado si lo que usted le dice es que tiene un ligero dolor de estómago. Hacer que la otra parte comprenda exactamente la importancia y la legitimidad de sus intereses es parte importante de su trabajo.

Una sugerencia es que *sea específico*. Los detalles concretos no solamente hacen que su descripción tenga credibilidad, sino que producen impacto. Por ejemplo: "Tres veces la semana pasada un niño estuvo a punto de ser atropellado por uno de sus camiones. Hacia las ocho y media de la mañana del martes pasado, una de sus volquetas, que iba casi a una velocidad de cuarenta millas por hora, tuvo que desviarse, y estuvo a punto de atropellar a Loretta Johnson, una niña de siete años".

Mientras usted se abstenga de sugerir que los intereses de la otra parte no son importantes o legítimos, usted puede presentar con gran énfasis la seriedad e importancia de sus preocupaciones. Si le dice a la otra parte, "corríjame si estoy equivocado", está mostrando que usted es abierto, y si ellos no lo corrigen, eso significa que aceptan la descripción que usted hace de la situación.

Uno de los fines para hacer que la otra parte tenga en cuenta los intereses de usted, es establecer la legitimidad de éstos. Quiere que los otros no sientan que usted los está atacando personalmente, sino que se den cuenta que su problema requiere atención. Necesita convencerlos de que ellos se sentirían lo mismo si estuvieran en el lugar de usted. "¿Usted tiene hijos? ¿Cómo se sentiría si en la calle en donde usted vive transitaran camiones a cuarenta millas por hora?"

Reconozca que los intereses de ellos son parte del problema. Cada uno de nosotros tiende a preocuparse tanto por sus propios intereses, que presta poca atención a los intereses de los otros.

Las personas escuchan con más atención si sienten que usted las ha comprendido. Propenden a pensar que aquellos que las comprenden son personas inteligentes y amables cuyas opiniones vale la pena escuchar. De modo que si usted quiere que los otros tengan en cuenta *sus* intereses, empiece por demostrarles que usted tiene en cuenta *los de ellos*.

"Tal como lo entiendo, su interés como compañía de construcción es fundamentalmente realizar el trabajo rápidamente, a bajo costo, y preservando su reputación como compañía confiable y responsable. ¿He comprendido bien? ¿Tiene algún otro interés importante?"

Además de demostrar que usted ha comprendido los intereses de ellos, es bueno reconocer que esos intereses son parte del poblema general que están tratando de resolver. Esto es particularmente fácil cuando existen intereses comunes: "Sería terrible para todos nosotros si uno de sus camiones atropellara a un niño".

Exprese el problema antes que su respuesta. Si está hablando con alguien que representa la compañía de construcción, es probable que usted diga: "Creemos que debe cercar el proyecto en 48 horas y que de inmediato debe restringir la velocidad de sus camiones por la Calle Oak a quince millas por hora. Déjeme decirle por qué...". Si lo hace así, puede tener la seguridad de que la persona no escuchará sus razones.

Ya ha percibido la posición de usted y sin duda estará preparando sus argumentos contra ella. Probablemente le molestó su tono, o la sugerencia misma. El resultado será que su justificación se le escape.

Si quiere que alguien escuche y comprenda su razonamiento, explique primero sus intereses y su razonamiento y después sus conclusiones o propuestas. Primero dígale a la compañía que están creando peligros para los niños y que no se puede dormir de noche. Entonces escucharán con cuidado, aunque solo sea por saber qué es lo que usted pretende. Y cuando se los diga, van a entender por qué.

Mire hacia adelante, no hacia atrás. Sorprende en verdad con cuánta frecuencia nos limitamos a reaccionar ante lo que alguien ha dicho o hecho. Comúnmente, dos personas hablarán en tal forma que parezca que están negociando, pero, en realidad, nada se está logrando. Discreparán de todos los asuntos, y la conversación seguirá como si estuvieran tratando de ponerse de acuerdo. En realidad, la discusión se está efectuando como un ritual, o, sencillamente, como un pasatiempo. Cada uno quiere anotarse puntos contra el otro o allegar información que le permita confirmar puntos de vista que hace tiempo tiene acerca del otro, y los cuales no piensa modificar. Ninguna de las dos partes busca un acuerdo, y ni siquiera intenta influir en la otra.

Si les pregunta a dos personas por qué están discutiendo, lo más seguro es que le expongan una causa, no un propósito. Sea que la riña ocurra entre marido y mujer, entre la empresa y el sindicato, o entre dos empresas, de ordinario las personas responden a lo que la otra parte ha dicho o hecho, en vez de procurar obtener el objeto de sus propios intereses a largo plazo. "No pueden tratarme de esa manera. Si creen que esto se va a quedar así, tendrán que pensarlo dos veces. Ya verán".

La pregunta "¿Por qué?" tiene dos significados muy diferentes. Uno mira hacia atrás en busca de una causa y cree que nuestro comportamiento está determinado por aconteci-

mientos pasados. El otro mira hacia adelante en busca de
un objetivo y cree que nuestro comportamiento responde a
nuestra libre voluntad. No es necesario que empecemos una
discusión filosófica entre la libertad de la voluntad y el determinismo para que podamos decir cómo actuar. O tenemos
una voluntad libre, o nuestro comportamiento responde a
un determinismo. En ambos casos, escogemos entre una cosa
y otra. Podemos *decidir* si vamos a mirar hacia atrás o hacia
adelante.

Será mejor para sus intereses si habla sobre a dónde le
gustaría ir, que si habla sobre de dónde viene. En lugar de
discutir con la otra parte sobre el pasado —sobre los costos
del último semestre (que fueron demasiado altos), la acción
tomada la semana pasada (tomada sin autoridad), o el rendi-
miento de ayer (que fue inferior a lo esperado)— hable sobre
lo que quiere que suceda en el futuro. En lugar de pedirles
que justifiquen lo que hicieron ayer, pregúnteles, "¿Quién
debe hacer tal cosa mañana?"

Sea concreto pero flexible. En una negociación es necesario saber para dónde va y al mismo tiempo estar abierto
a nuevas ideas. Para no tomar una decisión difícil, a veces
las personas inician una negociación sin otro plan que sentarse
con la otra parte y ver qué es lo que ofrece o exige.

¿Cómo es posible pasar de la identificación de intereses
a la presentación de opciones específicas y todavía ser flexible
frente a esas opciones? Para convertir sus intereses en opciones flexibles, pregúntese: "Si mañana la otra parte estuviera
de acuerdo conmigo, ¿sobre qué es lo que quiero que este-
mos de acuerdo?" Para mantener la flexibilidad, trate cada
opción que formule como simplemente ilustrativa. Piense en
términos de más de una opción que pueda satisfacer sus intereses. El concepto clave es "la especificidad ilustrativa".

Con una sugerencia ilustrativa que tenga en cuenta generosamente sus intereses, puede lograrse mucho de aquello que
los negociadores que se basan en posiciones esperan lograr

con su posición inicial. Por ejemplo, en una negociación sobre un contrato de béisbol, el agente podría decir: "El interés de Henderson en un salario como el que él cree merecer puede satisfacerse con algo como $ 5 000 000 al año. Algo como un contrato a cinco años puede satisfacer su necesidad de estabilidad laboral".

Luego que haya pensado sobre sus intereses, usted debe llegar a la reunión no solamente con una o más opciones específicas que responderían a sus legítimos intereses, sino también con una mente abierta. Una mente abierta no es lo mismo que una mente vacía.

Sea duro con el problema, y suave con las personas. Usted puede ser tan duro al hablar de sus intereses, como cualquier negociador puede serlo al hablar de sus posiciones. En realidad, por lo general es mejor ser duro. Quizá lo mejor no sea comprometerse con su posición, pero es necesario comprometerse con sus intereses. Aquí es donde debe emplear su energía agresiva en una negociación. La otra parte, al estar preocupada con sus propios intereses, tenderá a tener expectativas demasiado optimistas sobre la posibilidad de un acuerdo. De ordinario, las mejores soluciones, aquellas que le producen a usted las máximas ventajas con un costo mínimo para la otra parte, se logran defendiendo enérgicamente sus propios intereses. Dos negociadores que defiendan enérgicamente sus intereses, con frecuencia se estimularán mutuamente para ser creativos en la búsqueda de soluciones mutuamente ventajosas.

La compañía contructora, preocupada por la inflación, valora altamente su interés de mantener bajos los costos y de hacer el trabajo a tiempo. Es posible que usted tenga que conmoverlos. Es posible que algo de emoción pueda ayudar a que restablezcan un justo equilibrio entre las ganancias y la vida de los niños. No permita que su deseo de ser conciliador le impida explicar claramente su propio problema. "Seguramente usted no quiere decir que la vida de mi hijo vale menos que una cerca. No pensaría eso sobre su propio hijo. No creo que usted sea insensible, señor Jenkins. Tratemos de solucionar este problema".

Si ellos se sienten amenazados personalmente por un ataque al problema, es probable que se pongan a la defensiva y que dejen de escuchar. Por eso es importante separar a las personas del problema. Ataque el problema sin culparlas. Vaya más lejos y ofrezca apoyo personal: escuche con respeto, sea cortés, exprese agradecimiento por el tiempo y el esfuerzo que le dedican, insista en su propio deseo de responder a sus necesidades básicas, y así sucesivamente. Muéstreles que usted está atacando el *problema*, que no los está atacando a ellos.

Una buena regla es apoyar a las personas de la otra parte en forma tan vigorosa como la que utilice para dejar en claro el problema. Esta combinación de apoyo y de ataque puede parecer inconsistente. Lo es, psicológicamente; la inconsistencia contribuye a que funcione. Una teoría psicológica bien conocida, la teoría de la disonancia cognoscitiva, sostiene que a las personas les disgusta la inconsistencia y que tratarán de eliminarla. Para poder atacar el problema, por ejemplo, el exceso de velocidad de los camiones en una calle residencial, y al mismo tiempo dar apoyo positivo al representante de la compañía, usted crea una disonancia cognoscitiva. Para superar la disonancia, él tenderá a separarse del problema para colaborar con usted en su solución.

La lucha sobre los problemas sustanciales aumenta la presión por una solución efectiva; el apoyo a las personas de la otra parte tiende a mejorar su relación y a aumentar la posibilidad de llegar a un acuerdo. La combinación de apoyo y ataque es lo que funciona bien; cualquiera de los dos por sí solo tiende a ser insuficiente.

La defensa enérgica de sus propios intereses no significa estar cerrado ante el punto de vista de la otra parte. Por el contrario. No puede esperar que la otra parte tenga en

cuenta sus propios intereses y que discuta las opciones que
usted presenta si usted no tiene en cuenta los intereses de
ellos y si no se muestra abierto ante sus sugerencias. Para
tener éxito en una negociación se necesita ser a la vez firme
y abierto.

4 | Invente opciones de mutuo beneficio

El caso de la negociación entre Israel y Egipto sobre quién debía conservar cierta parte de la Península del Sinaí es un ejemplo tanto de uno de los más grandes problemas de la negociación, como de una de las mejores oportunidades.

El problema es común. Parece que ninguna de las posibles maneras de repartir el pastel va a satisfacer a ambas partes. Con frecuencia usted se encuentra que está negociando en un solo campo, como la extensión de territorio, el precio de un automóvil, la duración de un contrato de arrendamiento, o el precio de una comisión de venta. Otras veces parece que la situación es esto/o lo otro, en una opción que es, o muy favorable para usted, o muy favorable para la otra parte. En la división de bienes en un divorcio, ¿quién se queda con la casa? ¿Quién recibe la custodia de los niños? Puede ser que usted perciba que la elección es, o ganar o perder, y ninguna de las partes quiere perder. Aun si usted gana y obtiene el automóvil por $ 12 000, el contrato de arrendamiento por cinco años, o la casa y los niños, usted puede tener la desagradable sensación de que los otros no le permitirán olvidarlo. Cualquiera que sea la situación, su posibilidad de elección es limitada.

El ejemplo del Sinaí también muestra claramente la oportunidad. Una opción creativa, como un Sinaí desmilitarizado, puede frecuentemente constituir la diferencia entre un obstáculo y un acuerdo. Un abogado que conocemos atribuye su éxito a la capacidad que tiene para inventar soluciones ventajosas tanto para su cliente como para la otra parte. El aumenta el tamaño del pastel antes de dividirlo. La habilidad para inventar opciones es una de las más útiles para un negociador.

Sin embargo, a menudo los negociadores terminan como los famosos niños que peleaban por una naranja. Depués de haberse puesto de acuerdo en dividir la naranja por la mitad, el primer niño se comió la fruta y botó la corteza, mientras que el otro botó la fruta y usó la corteza para hacer una torta. Con demasiada frecuencia los negociadores "dejan su dinero sobre la mesa", no se ponen de acuerdo cuando hubieran podido hacerlo, o el acuerdo al que llegan hubiera podido ser más ventajoso para ambos. Comúnmente, las negociaciones terminan con la mitad de la naranja para cada parte, en lugar de que una parte se quede con toda la fruta y la otra con toda la corteza. ¿Por qué?

Diagnóstico

A pesar de lo valioso que es tener muchas opciones, las personas que participan en una negociación rara vez se dan cuenta de esta necesidad. En una disputa, por lo general las personas creen que ellas saben la respuesta —su punto de vista debe prevalecer. En la negociación de un contrato, creen igualmente que su oferta es razonable y que debe aceptarse, quizá con algún ajuste en el precio. Todas las posibles respuestas parecen estar en una línea recta entre la posición de la otra parte y la de usted. Ordinariamente, la única idea creativa es sugerir que se parta la diferencia.

En la mayoría de las negociaciones hay cuatro obstáculos principales que impiden la invención de gran número de opciones: 1) juicios prematuros; 2) la búsqueda de una sola respuesta; 3) el supuesto de que el pastel es de tamaño fijo; 4) la creencia de que "la solución del problema de ellos es de ellos". Para poder superar estas limitaciones, es necesario entenderlas.

Juicio prematuro

No es fácil inventar opciones. Lo normal es *no* inventarlas, aun cuando no se trate de una negociación tensionante. Si se le preguntara quién es la persona que más merece el premio Nobel de la paz, cualquier respuesta que empezara a dar despertaría inmediatamente sus reservas. ¿Cómo puede estar seguro de que esa persona es la que *más* lo merece? Su mente puede quedar en blanco, o dar algunas respuestas que reflejan una manera convencional de pensar: "Bueno, quizás el Papa, o el Presidente".

No hay nada más peligroso para la invención que el sentido crítico que espera caer sobre los inconvenientes de una idea nueva. El juicio inhibe la imaginación.

Bajo la presión de una negociación, su sentido crítico tenderá a ser más agudo. Parece que las negociaciones prácticas requieren pensamiento práctico, no ideas locas.

Es posible que su creatividad se vea todavía más limitada por la presencia de los representantes de la otra parte. Suponga que está negociando con su jefe sobre el salario de usted para el año siguiente. Usted pide un aumento de $ 4 000; su jefe le ofrece $ 1 500, una cantidad que usted no considera satisfactoria. En una situación tensa como ésta, no es probable que usted empiece a inventar soluciones imaginativas. Usted teme que si sugiere una idea espontánea, como aceptar la mitad del aumento en forma de salario y la otra mitad en prestaciones adicionales, puede aparecer como un tonto. Su jefe podría decir, "Sea serio. Usted sabe que eso es imposible. Iría contra las políticas de la empresa. Me sorprende que lo haya sugerido". Si, bajo la presión del momento, usted inventa una opción como la de repartir el aumento a lo largo del tiempo, él puede creer que se trata de una oferta: "Estoy dispuesto a negociar sobre esa base". Como es posible que él interprete cualquier cosa que usted diga como si fuera un compromiso, usted lo piensa dos veces antes de decir cualquier cosa.

Usted también puede temer que al inventar opciones esté relevando información que puede debilitar su posición en la negociación. Si sugiere, por ejemplo, que la empresa podría financiar la casa que usted está a punto de comprar, el jefe puede llegar a la conclusión de que usted piensa quedarse de todos modos y que al final usted aceptará cualquier aumento que él quiera ofrecerle.

La búsqueda de una única respuesta

La mayoría de la gente piensa que la invención no es parte del proceso de negociación. Aprecian su papel como la disminución de la distancia entre las posiciones, y no como la ampliación de las opciones disponibles. La tendencia es a pensar, "Ya tenemos suficiente dificultad en ponernos de acuerdo. Lo último que necesitamos es un montón de ideas nuevas". Como el producto final de la negociación es una sola decisión, temen que la discusión libre solo contribuirá a retardar y a confundir el proceso.

Si el primer obstáculo para el pensamiento creativo es la crítica prematura, el segundo es la terminación prematura. Si desde el principio se busca la única respuesta mejor, es probable que se esté evitando un proceso de toma de decisiones más prudente, en el cual se seleccione entre un gran número de posibles respuestas.

El supuesto de un pastel de tamaño fijo

Una tercera explicación de por qué puede haber tan pocas opciones en discusión, es que cada parte siente que la situación es esencialmente todo/o nada —o yo obtengo lo que está en discusión, o lo obtiene usted. Por lo común, una negociación parece ser un juego de "suma fija"; $ 100 más para usted en el precio del automóvil significa $ 100 menos para mí. ¿Para qué inventar, si todas las opciones son obvias y yo puedo satisfacerlo a usted solo con desventaja para mí?

La creencia de que "la solución del problema de ellos es problema de ellos"

Un último obstáculo para la invención de opciones realistas es que cada parte se preocupa solamente por sus inmediatos intereses. Para que un negociador logre un acuerdo que satisfaga sus propios intereses, es necesario que encuentre una solución que también sea atractiva desde el punto de vista de los intereses de la otra parte. Sin embargo, el compromiso emocional con un aspecto del problema impide lograr el distanciamiento necesario para poder imaginar nuevas maneras prudentes de satisfacer los intereses de ambas partes: "Nosotros tenemos bastantes problemas; que ellos se preocupen por los suyos". También existe generalmente una dificultad psicológica para conceder legitimidad a los puntos de vista de la otra parte; parece que fuera desleal pensar en satisfacerlos. De esta manera, un interés a corto plazo puede llevar a que un negociador adopte posiciones parcializadas, argumentos parcializados, y soluciones unilaterales.

Remedio

Para inventar opciones creativas, se necesita: 1) separar el acto de inventar opciones, del acto de juzgarlas; 2) ampliar las opciones en discusión en vez de buscar una única respuesta; 3) buscar beneficios mutuos; y 4) inventar maneras de facilitarles a los otros su decisión. A continuación se discute cada uno de estos pasos.

Separe la invención de la decisión

Como el juicio inhibe la imaginación, al acto creativo sepárelo del acto crítico; separe el proceso de imaginar posibles decisiones, del proceso de seleccionar entre ellas. Primero invente; después decida. Como negociador, es inevitable que usted tenga que inventar mucho solo. No es fácil. Por definición, la invención de ideas nuevas requiere que usted piense cosas que no está pensando. Por lo tanto, debe pensar en la posibilidad y conveniencia de organizar una sesión para inventar o crear una tormenta de ideas con algunos colegas o amigos. Mediante este tipo de sesión se puede lograr la separación entre la invención y la decisión.

Una tormenta de ideas tiene como objeto producir tantas ideas como sea posible para solucionar el problema.

La regla fundamental consiste en posponer toda crítica y evaluación de las ideas. El grupo se limita a inventar ideas sin detenerse a pensar si son buenas o malas, realistas o no. Eliminados esos obstáculos, una idea debe estimular otra idea, como voladores que se encienden entre sí.

Durante una tormenta de ideas nadie debe sentirse como un tonto, puesto que se trata explícitamente de exponer las ideas más inesperadas. Y como la parte contraria está ausente, los

negociadores no tienen que preocuparse por revelar información confidencial o por correr el riesgo de que una idea se
interprete como un compromiso.

No existe una única manera correcta de realizar una tormenta de ideas. Más bien, usted debe acomodarla a sus necesidades y recursos. Al hacerlo, puede ser útil tener en cuenta
las siguientes indicaciones.

Antes de la tormenta de ideas:

1. *Defina su propósito*. Piense en lo que le gustaría tener
al final de la reunión.

2. *Seleccione unos pocos participantes*. El grupo debe ser
lo suficientemente grande como para proporcionar un intercambio estimulante, y suficientemente pequeño como para
propiciar tanto la participación individual como la libre in-
ventiva —por lo general entre cinco y ocho personas.

3. *Modifique el ambiente*. Seleccione un lugar y una hora
que distingan la sesión tanto como sea posible de una discusión normal. Mientras más diferente sea una tormenta de
ideas de una reunión normal, más fácil será que los participantes suspendan el juicio.

4. *Diseñe un ambiente informal*. ¿Qué se necesita para
que usted y los otros se sientan cómodos? Puede ser la conversación mientras se toman un trago, o reunirse en una colonia
de vacaciones en un lugar pintoresco, o simplemente conversar de manera informal y llamarse por sus nombres de pila.

5. *Seleccione un facilitador*. Se necesita que durante la
reunión alguien asuma el papel de facilitador —para mantener la reunión encausada, para asegurarse de que todos tienen
la oportunidad de hablar, para hacer cumplir algunas reglas,
y para estimular la discusión haciendo preguntas.

Durante la tormenta de ideas:

1. *Acomode a los participantes uno al lado del otro y
frente al problema*. Lo físico refuerza lo psicológico. Sentarse
físicamente uno al lado del otro puede reforzar la actitud
mental de enfrentar juntos un problema común. Las personas
que se encuentran frente a frente tienden a responder perso-

nalmente y a entrar en un diálogo o discusión; las que se sientan una al lado de la otra en un semicírculo de asientos, de frente a un tablero, tienden a responder al problema que se especifica allí.

2. *Aclare las reglas, incluyendo la regla de que no se critica.* Si todos los participantes no se conocen, la reunión empieza con las presentaciones de todos, seguidas por la aclaración de las reglas de juego. Excluya la crítica negativa de cualquier clase.

La invención conjunta produce ideas nuevas, porque cada uno de nosotros inventa solo dentro de los límites fijados por los supuestos. Si las ideas son eliminadas a menos que les gusten a todos los participantes, entonces el objeto implícito será presentar una idea que nadie destruya. Por el contrario, si se fomentan ideas locas, aun aquellas que en realidad están fuera de lo posible, el grupo puede, con base en estas ideas, generar otras opciones que *son* posibles y que nadie hubiera considerado antes.

Otra regla que usted puede adoptar es mantener la sesión estrictamente confidencial y abstenerse de atribuir ideas a ninguno de los participantes.

3. *Suministren las ideas.* Una vez que el propósito de la reunión está claro, permitan que sus imaginaciones se desborden. Traten de producir una larga lista de ideas, enfocando el problema desde todos los puntos de vista posibles.

4. *Registre las ideas de manera que todos las vean.* El registro de las ideas en un tablero, o todavía mejor, en hojas grandes de papel periódico, le da al grupo un sentido tangible de logro colectivo; refuerza la regla de no criticar; reduce la tendencia a repetir; y estimula otras ideas.

Después de la tormenta de ideas:

1. *Señale las ideas más prometedoras.* Después de la sesión para incrementar ideas, suspenda la regla de no criticar, para seleccionar las ideas más prometedoras. Todavía no se ha llegado al momento de la decisión; usted está simplemente seleccionando ideas que vale la pena desarrollar más. Señale

aquellas que los miembros del grupo consideran como las mejores.

2. *Invente cómo mejorar las ideas prometedoras.* Tome una de las ideas prometedoras e invente maneras de mejorarla y de hacerla más realista, así como también maneras de realizarla. El propósito en este momento es lograr que la idea sea tan atractiva como sea posible. Introduzca la crítica constructiva con: "Lo que más me gusta de esta idea es... ¿Sería mejor si...?

3. *Reserve un tiempo para evaluar las ideas y decidir.* Antes que se termine la reunión, haga una lista de ideas seleccionadas y mejoradas y fije un momento para decidir cuál de ellas utilizar en su negociación y en qué forma.

Piense en la posibilidad de una tormenta de ideas con la otra parte. Aunque más difícil que una tormenta de ideas con sus amigos, una tormenta de ideas con personas de la otra parte puede ser sumamente valiosa. Es más difícil de realizar por el riesgo de decir algo que perjudique sus intereses, a pesar de las reglas establecidas en la sesión de tormenta de ideas. Puede revelar información confidencial sin darse cuenta o conducir a la otra parte a creer que una opción que usted inventó es un ofrecimiento. Sin embargo, tormentas de ideas conjuntas tienen la gran ventaja de producir nuevas ideas que tienen en cuenta los intereses de todos los asociados, de crear un clima de solución común de problemas, y de hacer que cada una de las partes tome conciencia de las preocupaciones de la otra.

Para protegerse, cuando se vaya a hacer una tormenta de ideas con la otra parte, distinga explícitamente esta reunión de una sesión de negociación en la cual se expresan puntos de vista oficiales y se toma nota de lo que se dice. Estamos tan acostumbrados a reunirnos con el fin de lograr un acuerdo, que una reunión con cualquier otro propósito debe distinguirse claramente.

Para reducir el riesgo de que parezca que usted está comprometido con alguna idea, puede acostumbrarse a presentar por lo menos dos alternativas a la vez. También puede presentar opciones con las que está claramente en desacuerdo. "Yo podría darle la casa por nada, o usted podría pagarme un millón de dólares en efectivo, o...". Como es evidente que usted no está proponiendo ninguna de estas ideas, las que sigan se considerarán como meras posibilidades y no como propuestas.

Para obtener una noción de lo que sería una tormenta de ideas conjunta, supongamos que los dirigentes de un sindicato están reunidos con la administración de una mina de carbón para efectuar una tormenta de ideas sobre las maneras de reducir el número de huelgas no autorizadas de uno o dos días. Están presentes diez personas —cinco de cada parte— sentadas alrededor de una mesa, de frente a un tablero. Un facilitador neutral le pide ideas a los participantes y las escribe en el tablero.

FACILITADOR: Bien, ahora veamos qué ideas tienen ustedes para solucionar este problema de las interrupciones no autorizadas del trabajo. Tratemos de tener diez ideas escritas en el tablero en cinco minutos. Comencemos. ¿Tom?

TOM (SINDICATO): Los supervisores deberían poder solucionar la queja de un miembro del sindicato inmediatamente.

FACILITADOR: Bien, ya la escribí. Jim, usted levantó la mano.

JIM (EMPRESA): El miembro del sindicato debería hablarle a su supervisor sobre el problema antes de cualquier acción que...

TOM (SINDICATO): Lo hacen, pero los supervisores no escuchan.

FACILITADOR: Por favor, Tom, todavía no estamos criticando. Acordamos dejar eso para más tarde, ¿verdad? ¿Y usted, Jerry? parece que tiene una buena idea.

JERRY (SINDICATO): Cuando se presente una situación de huelga, debe permitirse que los miembros del sindicato se reúnan de inmediato en la cafetería.

ROGER (EMPRESA): La administración podría permitir que la cafetería se usara para reuniones del sindicato y garantizar la priva-

cidad de los empleados cerrando las puertas para que los supervisores no puedan entrar.

CAROL (EMPRESA): ¿Qué tal sería adoptar una regla de que
no habrá huelga sin antes darle a los dirigentes del sindicato y
a la administración la oportunidad de solucionar inmediatamente
el problema?

JERRY (SINDICATO): ¿Qué tal sería acelerar el procedimiento
para la presentación de quejas, y tener una reunión en veinticuatro
horas si el supervisor y el miembro del sindicato no pueden solucionar el problema entre ellos?

KAREN (SINDICATO): Sí. ¿Y qué tal si se organiza un programa
conjunto de entrenamiento para que los miembros del sindicato
y los supervisores aprendan a solucionar juntos sus problemas?

PHIL (SINDICATO): Si una persona hace bien su trabajo, se
le debe decir.

JOHN (EMPRESA): Establecer relaciones amistosas entre los
miembros del sindicato y los miembros de la administración.

FACILITADOR: Eso parece prometedor, John, pero ¿podría
ser más específico?

JOHN (EMPRESA): Bueno, ¿qué tal si se organiza un equipo
de softbol conjunto entre el sindicato y la administración?

TOM (SINDICATO): Y también un equipo de bolos.

ROGER (EMPRESA): ¿Qué tal si se organiza un paseo anual
para todas las familias?

Y así continúa, a medida que los participantes exponen
muchas ideas. Gran parte de las ideas nunca habrían ocurrido
si no se hubiera efectuado esta tormenta de ideas, y algunas
de ellas pueden ser efectivas para reducir las huelgas no autorizadas. Sin duda, el tiempo que se emplea en una sesión
conjunta de esta naturaleza es tiempo bien empleado en una
negociación.

Pero sea que piensen juntos en una tormenta de ideas
o que no lo hagan, es sumamente útil en una negociación
separar el acto de desarrollar opciones, del acto de decidir

sobre ellas. La discusión de ideas es radicalmente distinta de la toma de posiciones. Mientras que la posición de una parte estará en conflicto con la posición de la otra, una opción invita a otra opción. El lenguaje mismo que se utiliza es diferente. Está formado por preguntas, no por afirmaciones; es abierto, no cerrado: "Una posibilidad es... ¿Qué otras posibilidades se le ocurren?" "¿Qué pasaría si nos ponemos de acuerdo sobre esto?" "¿Qué tal si lo hacemos de esta manera?" "¿Qué tal funcionaría esto?" "¿Qué objeción habría contra eso?" Invente antes de decidir.

Amplíe sus opciones

Aun con la mejor de las intenciones, los participantes en una sesión de lluvia de ideas probablemente supondrán que lo que en realidad hacen es buscar la *única* mejor respuesta, tratando de encontrar una aguja en un pajar, levantando cada brizna de paja.

Sin embargo, en esta etapa de negociación no debe estarse buscando el camino correcto. Se está creando espacio para la negociación, y éste se puede crear solamente si se tiene un buen número de ideas diferentes —ideas que usted y la otra parte podrán utilizar más tarde en la negociación, y entre las cuales pueden entonces seleccionar.

Un vinicultor que quiere hacer un buen vino, selecciona las uvas entre un número de variedades. Un equipo de béisbol que requiere jugadores de talento, enviará emisarios que busquen en las ligas locales y en los equipos universitarios por todo el país. El mismo principio es aplicable a la negociación. La clave para una decisión prudente, en la fabricación de vinos, en el béisbol, o en la negociación, es seleccionar entre un gran número y variedad de opciones.

Si a usted le preguntan quién debe recibir el premio Nobel de la paz este año, sería prudente responder, "Bueno, pensemos'' y generar una lista de unos cien nombres de diplomáticos, hombres de negocios, periodistas, religiosos, abogados, agricultores, políticos, académicos, médicos, y personas de otros campos, cerciorándose de incluir ideas poco comunes. Es casi seguro que su decisión sería mejor en esta forma que si trata de decidir desde el principio.

Una tormenta de ideas libera a las personas y les permite pensar creativamente. Una vez liberadas, necesitan maneras para pensar sobre sus problemas y para generar soluciones constructivas.

Multiplique las opciones yendo de lo específico a lo general, y viceversa. El diagrama circular. La tarea de inventar opciones requiere cuatro tipos de pensamiento. Uno es pensar sobre el problema particular —la situación actual que no le gusta, por ejemplo, el río contaminado que pasa por su terreno. El segundo tipo de pensamiento es el análisis descriptivo —usted hace el diagnóstico de una situación existente en términos generales. Organiza los problemas en categorías y sugiere tentativamente algunas causas. El río puede tener un alto contenido de sustancias químicas, o muy poco oxígeno. Usted puede sospechar de varias plantas industriales situadas río arriba. El tercer tipo de pensamiento, también en términos generales, es pensar en lo que, tal vez, se debe hacer. Fundado en el diagnóstico que ha hecho, usted busca los remedios que sugiere la teoría, tal como reducir la afluencia de sustancias químicas, aminorar las tomas y desviaciones del agua, o traer agua fresca de otro río. El cuarto y último tipo de pensamiento es sugerir una acción específica y posible. ¿Quién debe hacer algo mañana para llevar uno de estos enfoques generales a la práctica? Por ejemplo, la agencia estatal para el medio ambiente puede ordenar a la planta industrial situada río arriba que limite la cantidad de sustancias químicas de desecho.

El diagrama circular de la página siguiente ilustra estos cuatro tipos de pensamiento y sugiere que son pasos que se deben dar en secuencia. Si todo resulta bien, si se adopta la acción específica inventada de esta manera, se debe solucionar el problema inicial.

El diagrama circular indica la manera fácil de usar una buena idea para generar otras ideas. En presencia de una idea útil para la acción, usted (o un grupo con el cual usted está realizando una tormenta de ideas) puede tratar de identi-

DIAGRAMA CIRCULAR

Los cuatro pasos básicos para inventar opciones

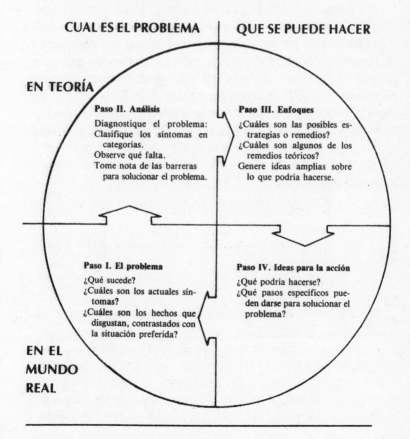

CUAL ES EL PROBLEMA | **QUE SE PUEDE HACER**

EN TEORÍA

Paso II. Análisis

Diagnostique el problema:
Clasifique los síntomas en categorías.
Observe qué falta.
Tome nota de las barreras para solucionar el problema.

Paso III. Enfoques

¿Cuáles son las posibles estrategias o remedios?
¿Cuáles son algunos de los remedios teóricos?
Genere ideas amplias sobre lo que podría hacerse.

Paso I. El problema

¿Qué sucede?
¿Cuáles son los actuales síntomas?
¿Cuáles son los hechos que disgustan, contrastados con la situación preferida?

Paso IV. Ideas para la acción

¿Qué podría hacerse?
¿Qué pasos específicos pueden darse para solucionar el problema?

EN EL MUNDO REAL

ficar el enfoque general que se aplica en la idea para la acción. Entonces se puede pensar en otras ideas de acción que apliquen el mismo enfoque general al mundo real. De manera similar, puede ir más allá y preguntar: "Si este enfoque teórico parece útil, ¿en qué diagnóstico se basa?" Una vez decidido el diagnóstico, pueden generarse otros enfoques para tratar el problema analizado, y después buscar acciones que pongan en práctica estos enfoques. Así una buena opción abre la puerta para explorar la teoría que hace que la idea sea buena, y después se puede usar la teoría para generar nuevas opciones.

Un ejemplo puede aclarar el proceso. Para tratar el conflicto en Irlanda del Norte, una idea puede ser que los maestros católicos y protestantes preparen juntos un libro sobre la historia de Irlanda del Norte para los grados de primaria de ambos sistemas escolares. El libro presentaría la historia de Irlanda del Norte desde diferentes puntos de vista y les daría a los niños ejercicios de simulación de roles y ponerse en el lugar del otro. Para generar más ideas, usted puede empezar por sugerir esta acción y después identificar el enfoque teórico que la sustenta. Podría encontrar proposiciones generales, tales como:

"Debería haber algunos contenidos educativos comunes en los dos sistemas".

"Los católicos y los protestantes deberían trabajar juntos en pequeños proyectos".

"Se debe fomentar la comprensión en los niños, antes que sea demasiado tarde".

"La historia debe enseñarse de manera que ilumine las percepciones parcializadas".

Trabajando con esta teoría usted puede inventar sugerencias adicionales para la acción, tales como una película realizada conjuntamente por los católicos y los protestantes que presente la historia de Irlanda del Norte vista desde diferentes puntos de vista. Otras ideas para la acción pueden ser progra-

mas de intercambio de maestros o algunas clases comunes
para los niños de primaria de los dos sistemas.

Mire a través de los ojos de varios expertos. Otra manera
de generar opciones múltiples es examinar el problema desde
la perspectiva de diferentes profesiones y disciplinas.

Al pensar en posibles soluciones para una disputa sobre
la custodia de un niño, por ejemplo, mire el problema como
lo podría ver un educador, un banquero, un psiquiatra, un
abogado de los derechos civiles, un pastor, un nutricionista,
un médico, una feminista, un entrenador de fútbol, o alguien
con un punto de vista especial. Si usted está negociando un
contrato de negocios, invente opciones que podrían ocurrírsele a un banquero, un inventor, un dirigente sindical, un corredor de finca raíz, un corredor de bolsa. un economista. un
experto en impuestos, o un socialista.

También puede combinarse el uso del diagrama circular
con la idea de mirar el problema mediante los ojos de diferentes expertos. Piense cómo diagnosticaría la situación cada
experto, qué tipo de enfoque sugeriría cada uno, y cuáles
serían las sugerencias prácticas de cada uno de esos enfoques.

Invente acuerdos de diferente intensidad. Usted puede mul-
tiplicar el número de acuerdos posibles pensando en versiones
''más débiles'' que a usted le gustaría tener disponibles en
caso de que el acuerdo buscado no se pueda lograr. Si no
es posible llegar a un acuerdo en lo sustancial, quizá logren
ponerse de acuerdo en el procedimiento. Si una fábrica de
zapatos no puede avenirse con el mayorista sobre quién debe
pagar el transporte de los zapatos defectuosos, tal vez puedan
ponerse de acuerdo en que lo decida un árbitro.

De manera similar, cuando no es posible lograr un acuerdo permanente, quizá pueda obtenerse uno provisional. Por
lo menos, si usted y la otra parte no pueden llegar a un acuerdo de primer orden, generalmente es posible lograr uno de
segundo orden —es decir, avenirse sobre aquello que no pueden ponerse de acuerdo, de manera que ambos conozcan los
problemas en disputa, los cuales no siempre son obvios. Los

pares de adjetivos que se encuentran a continuación sugieren
posibles acuerdos de diversas "intensidades":

MAS FUERTE	MAS DEBIL
Lo sustancial	El procedimiento
Permanente	Provisional
Comprensivo	Parcial
Definitivo	En principio
Incondicional	Contingente
Obligatorio	No obligatorio
De primer orden	De segundo orden

Cambie el alcance del acuerdo propuesto. Piense en la
posibilidad de variar no solamente la fuerza del acuerdo, sino
también su alcance. Podría, por ejemplo, "fraccionar" el
problema en unidades más pequeñas o quizá más manejables.
Al posible editor de su libro usted podría decirle: "¿Qué
tal si usted edita los primeros capítulos por $ 300, y vemos
cómo nos va?" Los acuerdos pueden ser parciales, incluir
menos partes, ocuparse solo de algunos asuntos selecciona-
dos, aplicarse solo a cierta área geográfica, o tener efecto
solo durante un período limitado de tiempo.

También es interesante pensar en cómo se podría ampliar
la materia de manera que "se dore la píldora" y se haga
más atractivo el acuerdo. La disputa entre la India y Pakistán
sobre las aguas del río Indo se hizo más fácil de tratar cuando
el Banco Mundial entró en la discusión; se retó a ambas partes
a que inventaran nuevos proyectos de irrigación, nuevas re-
presas, y otros trabajos de ingeniería que fueran de beneficio
común para ambas naciones, todas las cuales serían financia-
das con la ayuda del Banco.

Busque el beneficio mutuo

El tercer obstáculo importante para la creativa solución de
problemas es el supuesto de que el tamaño del pastel está

prefijado: si usted obtiene más, yo obtengo menos. Esto es muy raramente cierto. En primer lugar, ambas partes podrían encontrarse en peor situación de la que están. El ajedrez parece ser un juego en el cual la suma es igual a cero; si el uno gana, el otro pierde —hasta que un perro que pasa voltea la mesa, derrama la cerveza, y los deja a ambos peor que antes.

Aun independientemente del interés común de evitar pérdidas conjuntas, casi siempre existe la posibilidad de ganancias conjuntas. Estas pueden consistir en el establecimiento de relaciones mutuamente ventajosas, o en la satisfacción de los intereses de ambas partes con una solución creativa.

Identifique los intereses comunes. Es obvio que en teoría los intereses comunes ayudan a llegar a un acuerdo. Por definición, la invención de una idea que tiene en cuenta los intereses comunes es buena para usted y buena para ellos. En la práctica, sin embargo, el asunto es menos claro. En la negociación sobre un precio, los intereses comunes pueden no ser ni obvios ni relevantes. ¿Cómo puede ser útil la búsqueda de intereses comunes?

Tomemos un ejemplo. Supongamos que usted es el gerente de una refinería petrolera. Digamos que se llama Petróleos Townsend. El alcalde de Pageville, la ciudad en donde está la refinería, le ha dicho que piensa subir los impuestos que Petróleo Townsend le paga a Pageville, de un millón de dólares anuales a dos millones. Usted le ha dicho que cree que un millón es suficiente. La negociación está en ese punto: él quiere más, usted quiere seguir pagando lo mismo. En esta negociación, que es típica de muchas maneras, ¿dónde están los intereses comunes?

Examinemos lo que quiere el alcalde. Quiere dinero —dinero, indudablemente con el fin de pagar servicios para la ciudad, quizás un nuevo centro cívico, y para aliviar a los contribuyentes comunes. Pero la ciudad no puede obtener todo el dinero que necesita ahora y en el futuro solo de Petróleos Townsend. También buscará obtener dinero de la planta petroquímica al otro lado de la calle, por ejemplo, y para el futuro, de los nuevos negocios y de la expansión de los negocios existentes. Al alcalde, que además es un hombre de negocios, le gustaría asimismo fomentar la expansión industrial que crea nuevos empleos y que fortalece la economía de Pageville.

¿Cuáles son los intereses de su empresa? Debido a los rápidos cambios en la tecnología del refinamiento del petróleo, y las condiciones anticuadas de su refinería, usted está pensando en un gran plan de renovación y expansión de la planta. Teme que la ciudad aumente después su avalúo de la refinería ampliada, aumentando más los impuestos. Piense también que usted ha estado animando a una planta de plásticos para que se establezca cerca y pueda utilizar fácilmente sus productos. Naturalmente, a usted le preocupa que la planta de plásticos vacile cuando note que los impuestos de la ciudad están subiendo.

Ahora son más claros los intereses comunes del alcalde y de usted. Ambos están de acuerdo en el fomento de la expansión industrial y de nuevas industrias. Si usted trata de inventar maneras de satisfacer estos intereses comunes, pueden ocurrírsele varias ideas: una moratoria de siete años de impuestos para nuevas industrias, una campaña publicitaria con la Cámara del Comercio para atraer nuevas empresas, una reducción de impuestos para las industrias existentes que quieran ampliarse. Estas ideas pueden ahorrarle dinero a usted y también llenar las arcas de la ciudad. Por otra parte, si la negociación daña las relaciones entre la empresa y la ciudad, ambos perderían. Usted podría recortar sus contribuciones a las obras de beneficencia de la ciudad y al deporte de la universidad. La ciudad podría tornarse excesivamente estricta en el cumplimiento de las normas de construcción y otras normas. Sus relaciones personales con los dirigentes políticos y empresariales de la ciudad pueden volverse desagradables. La relación entre las partes, que a menudo se da por hecha, con frecuencia es más importante que cualquier problema específico.

Como negociador, casi siempre le importará buscar soluciones que también satisfagan a la otra parte. Si el cliente de un almacén se siente robado, también pierde el dueño del negocio; éste puede perder un cliente y dañarse su reputación. Un resultado en el cual la otra parte no obtiene nada, es peor para usted que uno en el cual ellos se sienten contentos. En casi todos los casos, su propia satisfacción depende en gran medida de lograr que la otra parte quede lo suficientemente contenta como para querer cumplir el acuerdo.

Deben recordarse tres cosas sobre los intereses comunes. Primera, los intereses comunes están latentes en cualquier negociación. Pueden no ser inmediatamente obvios. Pregúntese: ¿Tenemos un interés común en la preservación de nuestra relación? ¿Qué oportunidades se presentarán en el futuro para la cooperación y el beneficio común? ¿Cuáles serán los costos para ambos si la negociación se rompe? ¿Existen principios comunes, como el de un precio justo, que ambos podemos respetar?

Segunda, los intereses comunes son oportunidades, no milagros. Para poderlos utilizar, tiene que hacer algo con ellos. Es útil explicitar un interés común y formularlo como un *objetivo* común. En otras palabras, hágalo concreto y orientado hacia el futuro. Como gerente de Petróleos Townsend, por ejemplo, usted podría, conjuntamente con el alcalde, fijarse como meta lograr que cinco industrias nuevas se establecieran en Pageville en tres años. La moratoria en impuestos para industrias nuevas no sería entonces una concesión del alcalde sino una acción conjunta para obtener objetivos comunes.

Tercera, la insistencia en los intereses comunes puede hacer que la negociación sea más fácil y amistosa. Los pasajeros de un bote salvavidas en la mitad del océano, que tienen raciones limitadas de alimento, subordinarán sus diferencias sobre los alimentos a su interés común de llegar a tierra.

Complemente los intereses diferentes. Piense otra vez sobre los dos niños que se peleaban por una naranja. Ambos querían la naranja y por eso la partieron entre los dos, sin darse cuenta de que el uno la quería para comérsela y el otro sólo quería la corteza para hacer la torta. En este caso, como en muchos otros, un acuerdo satisfactorio es posible porque cada parte quiere cosas *diferentes*. Esto es realmente sorprendente. Por lo general, se supone que los problemas se crean por las diferencias entre las partes. Sin embargo, las diferencias también pueden llevar a una solución.

De ordinario, los acuerdos se basan en los desacuerdos. Es tan absurdo pensar, por ejemplo, que siempre deben ponerse de acuerdo sobre los hechos, como sería para el comprador de acciones tratar de convencer al vendedor de que las acciones probablemente van a subir. Si se pusieran de acuerdo en que las acciones van a subir, el vendedor probablemente no vendería. Lo que hace posible la transacción es que el comprador piensa que el precio va a subir, y el vendedor cree que va a bajar. Las opiniones diferentes dan la base para el acuerdo.

Muchos acuerdos creativos reflejan el principio de alcanzar el acuerdo por medio de las diferencias. Las diferencias en los intereses y en las opiniones hacen posible que algo que es de gran beneficio para usted signifique un bajo costo para la otra parte. Piense en la cancioncilla:

> Jack no podía comer con grasa
> Su mujer no podía comer sin grasa,
> Y así, entre los dos,
> Los platos dejaron limpios.

Los tipos de diferencias que mejor se prestan para complementación son las diferencias en los intereses, en las creencias, en el valor que se le da al tiempo, en previsiones del futuro, y en la aversión al riesgo.

¿Existe alguna diferencia de intereses? La siguiente lista de cotejo sugiere variaciones comunes en los intereses que se pueden tratar de encontrar:

A UNA PARTE LE INTERESA MAS:	A LA OTRA PARTE LE INTERESA MAS:
la forma	la sustancia
las consideraciones económicas	las consideraciones políticas
las consideraciones internas	las consideraciones externas
las consideraciones simbólicas	las consideraciones prácticas
el futuro inmediato	el futuro lejano
los resultados inmediatos	la relación
lo concreto	la ideología
el progreso	el respeto por la tradición
el precedente	el caso presente
el prestigio, la reputación	los resultados
los aspectos políticos	el bienestar del grupo

¿Creencias diferentes? Si yo creo que tengo razón, y usted cree que la tiene, podemos aprovechar esta diferencia en creencias. Ambos podemos acordar que el problema lo solucione un árbitro imparcial, cada uno seguro de que ganará. Si las dos facciones de los dirigentes sindicales no logran avenirse sobre una propuesta salarial, pueden ponerse de acuerdo en someter el asunto a una votación de los miembros.

¿Diferentes valoraciones del tiempo? A usted puede importarle más el presente, mientras que a la otra parte interesarle más el futuro. En el lenguaje de los negocios, ustedes descuentan el valor del futuro a tasas diferentes. Un plan de crédito se basa en este principio. El comprador está dispuesto a pagar un precio más alto por el automóvil si puede pagar más tarde; el vendedor está dispuesto a aceptar que le paguen más tarde si obtiene un precio más alto.

¿Previsiones diferentes? En la negociación salarial entre una estrella de béisbol de cierta edad y un equipo importante, el jugador puede pensar que va a ganar muchos juegos mien-

tras que el dueño del equipo cree lo contrario. Con base
en estas previsiones diferentes, ambos pueden ponerse de acuerdo sobre un salario básico de $ 750 000 más $ 500 000 si el
jugador juega tan bien que en promedio permite menos de
tres carreras por juego.

   ¿Diferencias en la aversión ante el riesgo? Una última
diferencia que se puede aprovechar es respecto a la aversión
ante el riesgo. Por ejemplo, piense en el problema de la minería en yacimientos profundos con base en las negociaciones
sobre la Ley del Mar. ¿Cuánto deben pagarle las compañías
mineras a la comunidad internacional por el privilegio de
la explotación minera? A las compañías mineras les interesa
más evitar grandes pérdidas que lograr enormes ganancias.
Para ellas, la minería en yacimientos profundos en el mar
es una inversión enorme. Quieren reducir el riesgo. Por otra
parte, a la comunidad internacional le interesan los ingresos.
Si alguna empresa va a ganar mucho dinero con "el patrimo-
nio común de la humanidad", el resto del mundo quiere recibir una buena parte.

   En esta diferencia reside la posibilidad de un acuerdo ventajoso para ambas partes. Se puede cambiar riesgo por ingresos. Aprovechando esta diferencia, el tratado propuesto dispone que las empresas pagarán bajos precios hasta que reco-
bren su inversión —es decir, mientras sus riesgos son altos—
y precios mucho mayores después, cuando sus riesgos sean
bajos.

   Pregúnteles qué prefieren. Una manera de complementar
los intereses es inventar varias opciones, todas ellas igualmente aceptables para usted, y pedirle a la otra parte que le diga
cuál de ellas prefiere. Usted quiere saber qué es preferible,
no necesariamente qué es aceptable. Entonces usted puede
tomar esa opción, elaborarla un poco más, y presentarla de
nuevo con dos o más variaciones, y preguntar cuál prefieren.
De esta manera, sin que nadie tome una decisión, usted puede
mejorar un plan hasta que no encuentre más ventajas comunes. Por ejemplo, el agente de la estrella de béisbol puede

preguntarle al dueño del equipo: "¿Qué responde mejor a sus intereses, un salario de $ 875 000 anuales por cuatro años, o $ 1 000 000 anuales por tres años? ¿Esto último? Está bien; ¿qué tal entre eso y $ 900 000 anuales por tres años con una bonificación de $ 500 000 cada año si Fernando juega por encima de 3.00 en el ERA.

Si fuéramos a resumir la complementación en una frase, ésta sería: Busque las cosas que son de bajo costo para usted y de alto beneficio para ellos, y viceversa. Las diferencias en intereses, prioridades, creencias, previsiones, y actitudes hacia el riesgo hacen posible la complementación. La consigna del negociador podría ser: "*¡Vive la différence!*"

Haga que sea fácil para ellos decidir

Como para usted el éxito en una negociación depende de que la otra parte tome una decisión que usted desea, debe hacer todo lo posible para que les sea fácil a ellos tomar esa decisión. En lugar de hacer que las cosas sean difíciles para la otra parte, usted debe presentarles una opción que sea lo menos difícil posible. Seguras de los méritos de su propia situación, las personas por lo general no les dan mucha atención a las maneras de lograr sus fines teniendo en cuenta los intereses de la otra parte. Para superar la miopía que resulta de mirar demasiado fijamente el propio interés, usted deberá ponerse en el lugar de los otros. Sin algunas opciones que sean atractivas para ellos, lo más probable es que no se logre un acuerdo.

¿En el lugar de quién? ¿Está usted tratando de influir en un solo negociador, en un jefe ausente, o en un comité u otro cuerpo colectivo que toma las decisiones? Usted no puede negociar exitosamente con una abstracción como "Houston" o "la Universidad de California". En vez de tratar de

persuadir a "la compañía de seguros" a que tome una decisión, es mejor concentrar sus esfuerzos en que un agente
de reclamaciones haga determinada recomendación. Por complejo que parezca el proceso de toma de decisiones de la
otra parte, usted lo comprenderá mejor si selecciona una persona —probablemente la persona con quien usted está
tratando— y procura entender el problema desde su punto
de vista.

Al concentrarse en una persona, usted no está pasando
por alto las complejidades. Por el contrario, las está teniendo
en cuenta, tratando de entender de qué manera afectan a
la persona con quien usted está negociando. Usted puede
llegar a ver su papel de negociador ante una nueva luz, y
entender que su trabajo, por ejemplo, es fortalecer a esa persona o darle argumentos que puede necesitar para persuadir
a otras personas. Un embajador británico describía su trabajo
como "ayudar a mi oponente a recibir nuevas instrucciones".
Si usted se pone en el lugar de su oponente, comprenderá
su problema y comprenderá qué tipo de opciones pueden
solucionarlo.

¿Qué decisión? En el capítulo 2 veíamos de qué manera
es posible entender los intereses de la otra parte analizando
las opciones que perciben en este momento. Usted está tratando de generar opciones que cambien su elección de tal manera
que ellos entonces decidan en forma satisfactoria para usted.
Su tarea no es darles un problema sino una respuesta, presentarles no una decisión difícil sino una fácil. Es fundamental
que durante el proceso usted fije su atención en el contenido
mismo de la decisión. Esa decisión se impide con frecuencia
por la incertidumbre.

Frecuentemente, usted quiere conseguir lo más posible,
pero usted mismo no sabe cuánto es. Es probable que usted
diga: "Ofrezca algo y yo le diré si es suficiente". Eso puede
parecerle razonable a usted, pero si lo mira desde el punto
de vista de la otra parte, comprenderá la necesidad de inventar
una petición más atractiva. Porque usted siempre considerará

lo que ellos digan o hagan como un mínimo —y pedirá más. Pedirle a la otra parte que sea "más flexible", probablemente no producirá la decisión que usted desea.

Muchos negociadores no están seguros de si lo que piden son palabras o hechos. Sin embargo, la decisión es crítica. Si usted quiere hechos, no añada algo sobre "espacio para negociar". Si quiere que un caballo salte por sobre una cerca, no levante la cerca. Si quiere vender una gaseosa de una máquina de distribución por setenta y cinco centavos, no pida un dólar para darse espacio de negociación.

La mayoría de las veces usted querrá una promesa —un acuerdo. Coja papel y lápiz y trate de escribir el borrador de algunos posibles acuerdos. Nunca es demasiado pronto en una negociación para empezar a hacer borradores como ayuda para pensar con claridad. Prepare muchas versiones, empezando con la más sencilla. ¿Cuáles serían los términos que la otra parte podría aceptar, términos que fueran atractivos tanto para usted como para ellos? ¿Puede reducirse el número de personas cuya aprobación sería necesaria? ¿Puede usted formular un acuerdo que la otra parte podría implementar fácilmente? La otra parte tendrá en cuenta las dificultades para cumplir un acuerdo; usted también debe hacerlo.

Por lo general es más facil, por ejemplo, abstenerse de hacer algo que no se está haciendo, que detener algo que ya está en marcha. Y es más fácil suspender algo que se está haciendo, que iniciar algo enteramente nuevo. Si los empleados quieren oír música en el trabajo, será más fácil para la empresa convenir en que durante una semanas no interferirá un programa experimental dirigido por los empleados, que acordar en dirigir ese programa.

Debido a que a la mayoría de las personas les preocupa mucho la legitimidad, una manera efectiva de desarrollar soluciones que sean fácilmente aceptables por la otra parte es presentarlas en forma que parezcan legítimas. Es más probable que la otra parte acepte una solución si ésta parece correcta —correcta en cuanto a ser legal, justa, honorable, etc.

Pocas cosas facilitan tanto una decisión como el precedente. Búsquelo. Busque una decisión o declaración que la otra parte haya hecho en similar situación, y trate de presentar una propuesta de acuerdo que se base en eso. Esto le proporciona un criterio objetivo para su propuesta y a la otra parte le será más fácil aceptarlo. El reconocimiento de que su probable deseo es que ellos sean consistentes, y la reflexión sobre lo que han dicho o hecho, le ayudarán a usted a generar opciones aceptables para usted, y a que también tengan en cuenta su punto de vista.

Las amenazas no son suficientes. Además del contenido de la decisión que a usted le gustaría que ellos tomaran, también debe tener en cuenta el punto de vista de ellos sobre las consecuencias de poner en práctica esa decisión. Si usted fuera ellos, ¿qué resultados temería más? ¿Qué esperaría más?

Comúnmente tratamos de influir en otros mediante amenazas y advertencias sobre lo que sucederá si ellos no deciden según lo que nosotros queremos. Generalmente, los ofrecimientos son más efectivos. Concéntrese tanto en hacerles comprender las consecuencias que pueden esperar si deciden como usted quiere y en que desde su punto de vista esas consecuencias sean mejores. ¿Cómo puede usted lograr que sus ofrecimientos tengan mayor credibilidad? ¿Qué cosas específicas pueden ellos querer? ¿Les gustaría tomar el crédito por haber hecho la propuesta final? ¿Les gustaría anunciarla? ¿Qué puede usted inventar que sea atractivo para ellos, pero de bajo costo para usted?

Para evaluar una opción desde el punto de vista de la otra parte, piense cómo se los criticaría si la aceptaran. Escriba una o dos frases que muestren lo que el más poderoso de los críticos de la otra parte podría decir sobre la decisión que usted va a pedirles que tomen. Después escriba un par de frases con las que la otra parte podría responder. Este ejercicio le ayudará a entender las limitaciones dentro de las cuales está negociando la otra parte. Debe ayudarle a generar opciones que satisfagan adecuadamente los intereses de ellos, de modo que puedan tomar una decisión que también satisfaga los intereses de usted.

La prueba final de una opción es escribirla en tal forma que tenga una posición "de sí". Trate de redactar una propuesta para la cual la respuesta "sí" sea suficiente, realista, y operacional. Cuando pueda hacerlo, habrá reducido el riesgo de que sus intereses inmediatos le impidan ver la necesidad de satisfacer las preocupaciones de la otra parte.

En una situación compleja, la invención creativa es una absoluta necesidad. En cualquier negociación puede abrir las puertas y producir una gama de posibles acuerdos que sean satisfactorios para ambas partes. Por lo tanto, genere muchas opciones antes de decidir entre ellas. Primero invente; después decida. Busque intereses comunes e intereses diferentes que se complementen. Y haga lo posible para que a ellos la decisión les sea fácil.

5 | Insista en que los criterios sean objetivos

Por bien que usted entienda los intereses de la otra parte, por mucho ingenio que demuestre en inventar maneras para conciliar los intereses, por más que valore una relación existente, casi siempre tendrá que enfrentarse con el hecho de que los intereses están en conflicto. Este hecho no puede ocultarse mediante la fórmula de "todos ganan". Usted desea que el precio del arrendamiento sea más bajo; el arrendador quiere que sea más alto. Usted quisiera que le entregaran la mercancía mañana; el proveedor quisiera entregarla la semana próxima. A usted le gusta más la oficina grande con vista hacia la calle; a su socio también. Estas diferencias no pueden ocultarse.

La decisión con base en la voluntad es costosa

Por lo general, los negociadores tratan de resolver estos conflictos por medio de la posición según posiciones —es decir, hablando sobre lo que están o no están dispuesto a aceptar. Un negociador puede insistir en que le hagan grandes concesiones, tan solo y simplemente por insistir en que se las hagan: "El precio son $ 50 y no hay más que hablar". Otro puede hacer una oferta generosa, con la esperanza de lograr aproba-

ción o amistad. Pero sea que la situación se convierta en
un concurso sobre quién puede ser más terco o sobre quién
puede ser más generoso, este proceso de negociación gira
alrededor de lo que cada parte está dispuesta a aceptar. El
resultado se logra por la interacción de dos voluntades humanas— casi así como si los negociadores estuvieran viviendo
en una isla desierta, sin historia, sin costumbres y sin criterios
morales.

Como ya se dijo en el capítulo 1, el intento de conciliar
las diferencias con base en la voluntad tiene costos importantes. Es poco probable que una negociación sea eficiente o
amistosa si usted contrapone su voluntad a la de ellos y,
o usted tiene que retractarse, o lo hacen ellos. Y sea que
estén escogiendo un lugar para cenar, organizando un negocio, o negociando quién obtiene la custodia de un niño, es
poco probable que se llegue a un acuerdo prudente según
algún criterio objetivo, si no se tiene en cuenta ese criterio.

Si el intento de solucionar las diferencias de intereses con
base en la voluntad tiene costos tan altos, la solución es negociar sobre alguna base que sea *independiente* de la voluntad
de las partes —es decir, sobre la base de criterios objetivos.

La necesidad de usar criterios objetivos

Supongamos que usted ha celebrado un contrato de precio
fijo para construir su casa, en el cual se estipula que los
cimientos serán de concreto, pero que no especifica la profundidad que deben tener. El contratista sugiere dos pies. Usted
cree que cinco pies es lo más usual para ese tipo de casa.

Supongamos que el contratista dice: "Yo le di gusto a
usted en poner vigas de acero en el techo. Ahora le toca
a usted complacerme y aceptar cimientos menos profundos".
Ningún propietario cuerdo cedería. En vez de regatear, usted
insistiría en decidir el asunto con base en criterios objetivos

de seguridad. "Mire, a lo mejor yo estoy equivocado. Tal vez dos pies sea suficiente. Lo que quiero es que los cimientos sean lo suficientemente fuertes y profundos como para sostener la edificación en forma segura. ¿Tiene el gobierno especificaciones para este tipo de suelo? ¿Qué profundidad tienen los cimientos de otras edificaciones en el área? ¿Cuál es el riesgo de terremoto en la zona? ¿Dónde buscamos criterios que nos permitan resolver este problema?"

Es tan difícil hacer un buen contrato como hacer cimientos sólidos. Si la necesidad de criterios objetivos es tan clara en una negociación entre el dueño de la casa y el contratista, ¿por qué no ha de serlo para los negocios, para la contratación colectiva, para los acuerdos legales, y para las negociaciones internacionales? ¿Por qué no insistir en que el precio que se fije, por ejemplo, se base en algún criterio objetivo como el precio en el mercado, el costo de reposición, el costo de depreciación, o precios competitivos, en lugar de basarse en lo que pide el vendedor?

En resumen, lo indicado es comprometerse a lograr una solución basada en principios, no en presiones. Concéntrese en los méritos del problema, no en el temple de las partes. Sea abierto a las razones, pero cerrado ante las amenazas.

La negociación basada en principios produce acuerdos prudentes en forma amistosa y eficiente. Mientras más criterios de equidad, eficiencia, o respaldo científico pueda aducir en su caso, más probable será que se logre un acuerdo final que sea prudente y equitativo. Mientras más se refieran usted y la otra parte al precedente y a las prácticas usuales en la comunidad, mayor será la posibilidad de aprovechar experiencias pasadas. Y un acuerdo que sea conforme con el precedente es menos vulnerable a los ataques. Si un contrato de arrendamiento contiene términos estandarizados o si un contrato de venta se hace de acuerdo con las prácticas usuales en la industria, habrá menos riesgo de que alguno de los negociadores se sienta defraudado o que intente más tarde repudiar el acuerdo.

Una relación siempre está amenazada por una batalla constante por la dominación; la negociación basada en principios la protege. Es mucho más fácil tratar con las personas cuando ambas están discutiendo criterios objetivos para solucionar un problema, que cuando cada una está tratando de obligar a la otra a retroceder.

La aproximación a un acuerdo mediante la discusión de criterios objetivos también reduce el número de compromisos que debe contraer cada parte y de los que más tarde debe retractarse a medida que se acercan al acuerdo. En la negociación según posiciones, los negociadores dedican mucho tiempo a defender su posición y a atacar la de la otra parte. Las personas que usan criterios objetivos tienden a utilizar su tiempo más eficientemente cuando hablan sobre posibles criterios y soluciones.

Los criterios objetivos son todavía más importantes para la eficiencia cuando hay más partes involucradas. En estos casos, y en el mejor de los casos, la negociación basada en posiciones es difícil. Requiere coaliciones entre las partes; y mientras más partes se hayan puesto de acuerdo sobre una posición, más difícil será cambiarla. De manera similar, si cada negociador tiene un público o tiene que consultar con una autoridad superior, la tarea de adoptar posiciones y después cambiarlas es difícil y requiere mucho tiempo.

Un episodio ocurrido durante la Conferencia sobre la Ley del Mar ilustra los méritos de utilizar criterios objetivos. En un momento dado, la India, representando el bloque del Tercer Mundo, propuso que las empresas mineras que fueran a explotar los yacimientos submarinos pagaran $ 60 millones por cada sitio. Los Estados Unidos rechazaron la propuesta, y sugirieron que no se pagara nada inicialmente. Ambas partes se atrincheraron; el asunto se convirtió en una lucha de voluntades.

Entonces alguien descubrió que el Instituto Tecnológico de Massachusetts (MIT) había desarrollado un modelo sobre economía de explotación de las minas submarinas. Este modelo, que poco a poco fue aceptado por las partes como objetivo, proporcionaba una manera de evaluar el impacto de cualquier propuesta sobre la economía de ese tipo de minería. Cuando el representante de la India preguntó cuál sería el efecto de su propuesta, se le mostró el impacto que tendría la enorme suma que él proponía —pagadera cinco años antes de que la mina produjera ningún ingreso—, haciendo prácticamente imposible que ninguna empresa pudiera explotar las minas. Impresionado, el representante anunció que reconsideraría su posición. Por otra parte, el modelo de MIT contribuyó a educar a los representantes estadounidenses, cuya información hasta el momento era más que todo la que les habían proporcionado las empresas mineras. El modelo indicaba que era posible pagar alguna cantidad como cuota inicial. Como resultado, los Estados Unidos también cambiaron su posición.

Nadie se retractó; nadie pareció ser débil —solo razonable. Después de una larga negociación, las partes llegaron a un acuerdo tentativo que era mutuamente satisfactorio.

El modelo de MIT aumentó las posibilidades de lograr un acuerdo y disminuyó la necesidad de asumir posiciones costosas. Condujo a una solución mejor, una que atraería a las empresas a explotar las minas y que generaba considerables ingresos para las naciones del mundo. La existencia de un modelo objetivo que podía predecir las consecuencias de cualquier propuesta, contribuyó a convencer a las partes de que el acuerdo tentativo al que habían llegado era equitativo. Esto a su vez fortaleció las relaciones entre los negociadores y aumentó la probabilidad de que el acuerdo subsistiera.

La identificación de criterios objetivos

La negociación basada en principios implica dos tipos de preguntas: ¿Cómo se pueden identificar criterios objetivos, y cómo se pueden utilizar en una negociación?

Cualquiera que sea el método de negociación que usted utilice, es mejor prepararlo con anticipación. Esto es cierto respecto a la negociación según principios. Por eso es conveniente identificar algunos criterios objetivos de antemano, y pensar cómo sería la aplicación en su caso.

Criterios equitativos. Con frecuencia usted va a encontrar que hay más de un criterio objetivo disponible como base para un acuerdo. Supongamos, por ejemplo, que su automóvil es destruido, y que usted presenta la reclamación ante una compañía de seguros. En su discusión con el asegurador, usted podría tener en cuenta medidas del valor del automóvil, como las siguientes: 1) el costo original del automóvil, menos la depreciación; 2) el precio por el que se hubiera podido vender; 3) el valor "de catálogo" de un automóvil de ese modelo y ese año; 4) lo que costaría reemplazar ese automóvil con uno comparable; y 5) lo que un tribunal reconocería como el valor del automóvil.

En otros casos, según el asunto en discusión, usted podría proponer que el acuerdo se basara en:

el valor en el mercado	la decisión de un tribunal
precedente	criterios morales
el juicio científico	tratamiento equitativo
criterios profesionales	tradición
eficiencia	reciprocidad
costos	etc.

Como mínimo, los criterios objetivos deben ser independientes de la voluntad de las partes. Idealmente, para asegurar que el acuerdo sea prudente, los criterios objetivos deben no solo ser independientes de la voluntad, sino también ser legítimos y prácticos. Por ejemplo, en una disputa sobre linderos, puede ser más fácil si el acuerdo gira alrededor de alguna característica importante del terreno, como la orilla de un río, que alrededor de una línea trazada a tres metros de la orilla.

Los criterios objetivos deben ser aplicables, por lo menos
en teoría, a ambas partes. En esta forma, usted puede utilizar
la prueba de aplicación recíproca para saber si el criterio
propuesto es equitativo e independiente de la voluntad de
ambas partes. Si una agencia de finca raíz que le va a vender
una casa dice que utilizará una forma estandarizada de contrato, puede ser útil preguntar si también utilizan esa misma
forma cuando *ellos* van a comprar una casa. En el campo
internacional, el principio de la autodeterminación es notorio
por el número de pueblos que insisten en considerarlo un
derecho fundamental pero niegan su aplicabilidad a la otra
parte. Piense solo en tres ejemplos: el Medio Oriente, Irlanda
del Norte, o Chipre.

Procedimientos equitativos. Para lograr un acuerdo que
sea independiente de la voluntad, se pueden usar, o criterios
equitativos para juzgar el asunto de fondo, o procedimientos
equitativos para resolver los intereses en conflicto. Piense,
por ejemplo, en la tradicional manera de dividir un bizcocho
entre dos niños: el uno lo corta, y el otro escoge. Ninguno
de los dos puede quejarse de que la repartición fue injusta.

Este sencillo procedimiento se utilizó en las negociaciones
sobre la Ley del Mar, una de las más complejas jamás empren-
didas. En un momento dado, el problema de cómo asignar
los lugares para la explotación minera submarina llevaron
la negociación a un punto insoluble. Según los términos de
la propuesta de acuerdo, la mitad de los lugares sería explota-
da por empresas privadas, y la otra mitad por la Empresa,
una organización minera que sería de propiedad de las Naciones Unidas. Como las empresas privadas de las naciones ricas
tenían la tecnología y la experiencia que les permitiría seleccionar los mejores sitios, las naciones pobres temían que la
inexperta Empresa estuviera en situación desventajosa.

Se convino en que cuando una empresa privada estuviera
interesada en explotar una mina submarina, le presentaría
a la Empresa *dos* posibles sitios. La Empresa seleccionaría
uno de ellos para sí misma y le concedería a la empresa privada

una licencia para explotar el otro. Como la empresa privada
no sabría de antemano cuál de los dos sitios le sería asignado,
estaría interesada en que ambos resultaran tan prometedores
como fuera posible. Este sencillo procedimiento ponía la ex-
periencia de la empresa privada al servicio del mutuo interés.

Una variación del procedimiento "el uno corta y el otro
escoge", es que las partes negocien lo que creen es un acuerdo
equitativo antes de decidir qué papel va a desempeñar cada
una en su cumplimiento. Por ejemplo, en un divorcio, antes
de decidir quién ha de recibir la custodia de los niños, los
padres pueden acordar cuáles serían los derechos de visita
de uno de ellos. Esto ayuda a obtener derechos de visita que
ambos consideren equitativos.

Mientras esté considerando las soluciones para el procedimiento, examine otras maneras básicas de solucionar diferencias: turnarse, echar suertes, dejar que otra persona decida,
y así sucesivamente.

Con frecuencia, turnarse es la mejor manera de dividir
entre los herederos un gran número de objetos legados a todos
ellos en forma colectiva. Después pueden intercambiar algunas cosas si lo desean. O pueden seleccionar tentativamente
para ver cómo resulta antes de comprometerse a aceptar la
situación. Echar suertes, lanzar una moneda, y otras formas
similares, tienen una cierta equidad inherente. Los resultados
pueden ser desiguales, pero cada parte tiene igualdad de
oportunidad.

Un procedimiento muy conocido, el cual tiene casi un
número infinito de variaciones, es permitir que otra persona
desempeñe un papel decisivo en una decisión conjunta. Las
partes pueden acordar que someterán alguna cuestión específica al juicio de un experto, para que él asesore o decida.
O pedirle a un mediador que les ayude a llegar a una decisión.
O someter el problema a un árbitro, para que tome una decisión autorizada y obligatoria.

En el béisbol profesional, por ejemplo, se utiliza "el arbitraje sobre la última oferta que sea mejor" para solucionar

los desacuerdos sobre el salario de los jugadores. El árbitro debe elegir entre la última oferta hecha por una de las partes y la última oferta hecha por la otra. Se supone que este procedimiento presiona a las partes para que hagan propuestas más razonables. En el béisbol y en los Estados donde esta forma de arbitraje es obligatoria para ciertos desacuerdos con los funcionarios públicos, parece producir más acuerdos que en circunstancias comparables donde es obligatorio someterse a arbitraje convencional; sin embargo, aquellas partes que no se someten le causan a veces al árbitro alguna incomodidad, obligándolo a seleccionar entre dos ofertas extremas.

La negociación con criterios objetivos

Una vez que se han identificado algunos criterios y procedimientos objetivos, ¿cómo se procede a discutirlos con la otra parte?

Para empezar, usted deberá recordar tres elementos básicos:

1. Formule cada aspecto como una búsqueda común de criterios objetivos.

2. Sea razonable, y escuche razones, respecto a los criterios que puedan ser los más apropiados y respecto a la manera de aplicarlos.

3. Nunca ceda ante la presión, solo ante los principios.

En resumen, concéntrese en criterios objetivos con firmeza pero también con flexibilidad.

Formule cada aspecto como una búsqueda común de criterios objetivos. Si usted está negociando la compra de una casa, puede empezar diciendo: "Mire, usted quiere que el precio sea alto y yo quiero que sea bajo. Tratemos de ver cuál sería el precio *justo*. ¿Qué criterios objetivos serían los más relevantes?" Usted y la otra parte pueden tener intereses conflictivos, pero ahora ambos tienen una meta común: deter-

minar cuál sería el precio justo. Usted puede sugerir uno
o dos criterios iniciales —el costo de la casa, ajustado por
depreciación e inflación; precio de venta reciente de casas
similares en el mismo vecindario; o un avalúo independiente,
y luego pedir al vendedor que él haga algunas sugerencias.

Pregunte: "¿En qué se basa usted?" Si el vendedor empieza asumiendo una posición, por ejemplo, "El precio es
$ 155 000", pregúntele en qué se basa para determinar ese
precio: "¿Cómo llegó a esa cifra?" Trate el asunto como
si el vendedor también estuviera buscando un precio justo
basado en criterios objetivos.

Primero póngase de acuerdo sobre los principios. Antes
de empezar a discutir los posibles términos, es buena idea
ponerse de acuerdo sobre el criterio o los criterios que se
van a usar.

Cada criterio propuesto por la otra parte se convierte en
una palanca que más tarde usted puede usar para persuadir-
los. Su propuesta tendrá más impacto si se presenta conforme
a los criterios de la otra parte, y para ellos será difícil no
aplicar sus propios criterios. "Usted dice que el señor Jones
vendió la casa vecina por $ 60 000. Usted cree que esta casa
debe venderse por el precio en que se están vendiendo las
casas comparables del vecindario, ¿verdad? En ese caso, ave-
rigüemos el precio en que se vendieron la casa de la esquina
de Ellsford y Oxford y la de Broadway y Dana". Lo que
hace que ceder sea tan difícil, es tener que aceptar una propuesta hecha por otra persona. Si fueron ellos los que sugirie-
ron el criterio, seguirlo no es un acto de debilidad sino de
fortaleza, cumpliendo su palabra.

Sea razonable y escuche razones. Lo que hace de la negociación una búsqueda *en común* es que, aunque usted haya
preparado muy bien varios criterios objetivos, llega a la negociación con una mente abierta. En la mayoría de las negociaciones, las personas utilizan el precedente y otros criterios
objetivos simplemente como argumentos a favor de su posición. Un sindicato de policías, por ejemplo, podría insistir

en pedir cierto aumento y después justificar su posición con argumentos sobre lo que ganan los policías de otras ciudades. Por lo general, esta manera de utilizar criterios da como resultado que las personas se atrincheren todavía más en sus posiciones.

Yendo más allá, algunas personas empiezan por anunciar que su posición es una cuestión de principios y se niegan siquiera a analizar el punto de vista de la otra parte. "Es una cuestión de principio" se convierte en el grito de combate en una guerra santa sobre ideologías. Las diferencias prácticas se convierten en cuestión de principios, atrapando aún más a los negociadores en lugar de liberarlos.

Esto *no* es, ciertamente, lo que queremos decir cuando hablamos de negociación según principios. Insistir en que un acuerdo se base en criterios objetivos no significa lo mismo que insistir en que se base únicamente en los criterios que *usted* propone. Un criterio de legitimidad no excluye necesariamente la existencia de otros. Lo que la otra parte considera justo puede no ser lo que usted considera justo. Usted debe ser como un juez; aunque puede inclinarse más hacia una de las partes (en este caso, usted mismo), usted debe estar dispuesto a tener en cuenta las razones para aplicar otro criterio o para aplicarlo de manera diferente. Cuando cada parte está proponiendo un criterio diferente, busque una base objetiva para decidirse, como qué criterio han utilizado antes las partes o cuál se utiliza más comúnmente. Así como el problema mismo no debe solucionarse con base en la voluntad, tampoco debe decidirse así el asunto del criterio que se utilizará.

En algunos casos puede haber dos criterios (como valor en el mercado y costos menos la depreciación) que producen resultados diferentes, pero que ambas partes consideran igualmente legítimos. En ese caso, partir la diferencia o llegar de otra manera a un arreglo según los resultados sugeridos por los dos criterios objetivos es perfectamente legítimo. En este caso, el resultado sigue siendo independiente de la voluntad de las partes.

Sin embargo, si después de una discusión a fondo sobre algún asunto usted todavía no puede aceptar los criterios que le proponen como los más apropiados, puede sugerir que se los someta a prueba. Póngase de acuerdo sobre alguien a quien ambas partes consideran justo, y dénle a esa persona una lista de los criterios que se proponen. Pidan a la persona que decida cuáles de ellos son los más justos y apropiados en su situación. Como se supone que los criterios objetivos son legítimos y como la legitimidad supone una aceptación amplia, esto es algo que se puede pedir. Usted no le está pidiendo a una tercera parte que solucione el problema de fondo —sino que les dé algún consejo sobre los criterios que pueden usarse para solucionarlo.

La diferencia entre tratar de obtener un acuerdo con base en principios apropiados y utilizar los principios simplemente como argumento para sustentar posiciones es sutil a veces, pero siempre importante. Un negociador que se basa en principios está abierto a la persuasión por los méritos; un negociador que se basa en posiciones, no lo está. Es la combinación de apertura a la razón y de la insistencia en encontrar una solución basada en criterios objetivos lo que hace que la negociación según principios sea tan persuasiva y tan efectiva en lograr que la otra parte se adapte a ella.

Nunca ceda ante la presión. Piense de nuevo en el ejemplo de la negociación con el contratista. ¿Qué sucede si él se ofrece a contratar a su cuñado con la condición de que usted ceda en el asunto de la profundidad de los cimientos? Probablemente usted contestaría: "El empleo de mi cuñado no tiene nada que ver con la pregunta de si la casa quedaría segura con cimientos de esa profundidad". ¿Qué pasa si entonces el contratista lo amenaza con cobrarle más? Usted contestaría de la misma manera: "También eso se puede solucionar por sus méritos. Veamos lo que otros contratistas cobran por este tipo de trabajo", o "Muéstreme su estimación de costos y trataremos de calcular un margen equitativo de ganancia". Si el contratista le responde, "¡Vamos!, usted

confía en mí, ¿no es verdad?'', usted respondería: "La confianza es otro asunto muy diferente. El problema es determinar qué profundidad deben tener los cimientos para que la
construcción de la casa sea segura''.

La presión puede adoptar muchas formas: soborno, amenazas, una referencia a la confianza con la que se pretende
manipular, o simplemente, negarse a aceptar. En todos estos
casos, la respuesta basada en principios es la misma: pídales
que expliquen sus razones, sugiera criterios objetivos que usted cree podrían aplicarse, y niéguese a aceptar, excepto sobre
esta base. Nunca ceda ante la presión, solo ante los principios.

¿Quién ganará? Es imposible afirmarlo para todos los
casos, pero en general usted tendrá alguna ventaja. Porque
además de su voluntad, usted también tiene el poder de la
legitimidad y su apertura a la razón será persuasiva. Será
más fácil para usted resistirse a hacer una concesión arbitraria, que para ellos resistirse a proponer algunos criterios objetivos. Es más fácil defender —en público y en privado—
una negativa a ceder, excepto ante razones válidas, que una
negativa a ceder junto con una negativa a dar razones válidas.

Por lo menos, usted generalmente logrará lo relacionado
con el proceso; de ordinario, usted podrá lograr que el proceso se modifique y se convierta en una búsqueda de criterios
objetivos en lugar de seguir la negociación basada en posiciones. En este sentido, la negociación según principios es una
estrategia dominante respecto a la negociación según posiciones. La persona que insiste en que la negociación se basa
en los méritos puede lograr que los otros entren en el juego,
porque ésa es la única manera para obtener sus intereses de
fondo.

También es probable que le vaya bien en cuestiones de
fondo. Especialmente a las personas que de otra manera se
dejarían intimidar por un negociador que se basa en posiciones, la negociación según principios les permite mantener su
terreno y a la vez ser justos. El principio se convierte en
su compañero incondicional que no le dejará ceder ante la

presión. Esta es una forma de lograr que "el derecho obtenga la fuerza".

Si en verdad la otra parte no cede y no presenta una base persuasiva para afianzar su posición, entonces se acaba la negociación. Entonces se le presentará una opción similar a la que se le presenta cuando entra a un almacén que tiene precios fijos para lo que usted quiere comprar. Usted puede comprarlo o no comprarlo. Antes de decidirse a comprarlo, trate de ver si existe algún criterio objetivo que hace que la oferta sea justa. Si encuentra ese criterio y prefiere llegar a un acuerdo sobre esa base, a no llegar a ninguno, entonces acéptelo. La existencia de ese criterio objetivo evita los costos de ceder ante una posición arbitraria.

Si no hay ninguna apertura en su posición y usted no encuentra ningún principio que le sirva de base, debe considerar lo que ganaría si acepta la posición injustificada en vez de lograr su mejor alternativa. Debe sopesar ese beneficio contra lo que ganaría su reputación como negociador según principios si usted se retira.

Cambiar la dirección de una negociación y hablar sobre cómo debe decidirse el problema en vez de qué está dispuesta a hacer la otra parte, no hace que la discusión se termine, ni garantiza un resultado favorable. Pero, sin embargo, sí proporciona una estrategia que se puede seguir, sin los altos costos de la negociación basada en posiciones.

"Es política de la empresa"

Examinemos un caso real en donde una de las partes utilizó el regateo basado en posiciones y la otra la negociación basada en principios. A Tom, uno de nuestros colegas, le destruyó el automóvil, que estaba parqueado, un camión de basura. El automóvil estaba asegurado, pero la cantidad exacta a la que Tom tenía derecho debía acordarse con el representante de la aseguradora.

REPRESENTANTE
DE LA ASEGURADORA

Hemos estudiado su caso, y hemos decidido aplicar la póliza.
Eso quiere decir que usted tiene
derecho a una indemnización de
$ 6 600.

Decidimos que eso era lo que valía el automóvil.

¿Cuánto pide?

¡$ 8 000! Eso es demasiado.

Está bien. Le ofreceré $ 7 000.
Es lo más que puedo ofrecer. Es
política de la empresa.

Mire, lo más que puede obtener
son $ 7 000. Acéptelo o déjelo.

TOM

Ya veo ¿Cómo llegaron a esa
suma?

Lo comprendo; pero ¿qué criterio utilizaron para decidir esa
cantidad? ¿Puede usted decirme
en dónde puedo comprar un ca-
rro comparable por ese precio?

Lo que tenga derecho según la
póliza. Encontré un automóvil
de segunda mano, muy pareci-
do a ése, por $7 700. Con los
impuestos, sería alrededor de
$ 8 000.

No estoy pidiendo ni $ 8 000,
ni $ 6 000, ni $ 10 000, sino una
compensación justa. ¿No le parece que es justo que reciba lo
que necesito para reemplazar el
automóvil?

¿Cómo calcula la empresa esa
cantidad?

Es posible que $ 7 000 sea justo. No lo sé. Entiendo perfectamente su posición, si ésa es la política de la empresa. Pero a menos que me pueda explicar objetivamente por qué tengo derecho a esa cantidad, creo que me irá mejor en el tribunal. ¿Por qué no lo pensamos y volvemos a conversar? ¿Le parece bien el miércoles a las 11:00?

* * *

Bueno, Sr. Griffith, aquí tengo un aviso en el periódico de hoy que ofrece un Taurus modelo '89 por $ 6 800.

Ya veo. ¿Qué dice sobre el kilometraje?

49 000. ¿Por qué?

Porque el mío solo tenía 25 000 km. Según sus libros, ¿en cuánto aumenta el valor esa diferencia de kilometraje?

Déjeme ver... $ 450.

Suponiendo que $ 6 800 es una base aceptable, eso aumenta el precio a $ 7 250. ¿El aviso dice si el aumóvil tiene radio?

No.

Según su libro, ¿cuánto se añade por ese concepto?

$ 125.

¿Y cuánto por el aire acondicionado?

* * *

Media hora más tarde, Tom salía de la oficina con un cheque por $ 8 024.

III | Sí, pero...

6. ¿Qué pasa si ellos son
más poderosos?
(*Encuentre su MAAN:
Mejor alternativa a un
Acuerdo Negociado*)

7. ¿Qué pasa si ellos no
entran en el juego?
(*Utilice el jujitsu
de la negociación*)

8. ¿Qué pasa si ellos
juegan sucio?
(*Dome al negociador
implacable*)

6 | ¿Qué pasa si ellos son más poderosos?

**(Encuentre su MAAN:
Mejor alternativa a un acuerdo negociado)**

¿De qué sirve hablar sobre los intereses, las opciones y los criterios si la otra parte está en una posición más fuerte para negociar? ¿Qué se puede hacer si la otra parte es más rica, tiene mejores conexiones, o más personal o armas más poderosas?

No hay ningún método que pueda garantizar el éxito si la otra parte tiene todas las ventajas. No hay ningún libro de jardinería que le pueda decir cómo se cultivan los lirios en un desierto o los cactos en un pantano. Si usted llega a un almacén de antigüedades a comprar un juego de té estilo Jorge IV, elaborado en plata, que vale miles de dólares, y no tiene sino un billete de cien dólares, no ha de esperar que una negociación hábil pueda superar la diferencia. En toda negociación existen ciertas realidades que son difíciles de cambiar. Como respuesta al poder, lo más que cualquier método de negociación puede lograr es cumplir dos objetivos: *primero*, protegerlo contra un acuerdo que usted debe rechazar, y *segundo*, ayudarle a utilizar al máximo las ventajas que pueda tener, de manera que cualquier acuerdo al que llegue satisfaga sus intereses lo mejor posible. Examinemos cada uno de estos objetivos.

Protegerse

Cuando usted está tratando de coger un avión, puede ser
que eso le parezca muy importante; reflexionando después,
usted ve que hubiera podido coger el siguiente avión. En
las negociaciones se presentan con frecuencia situaciones similares. Le preocupará, por ejemplo, fracasar y no lograr
acuerdo en un negocio importante en el cual usted ha gastado
mucha energía. En estas circunstancias, el mayor peligro es
que usted acepte con demasiada facilidad los puntos de vista
de la otra parte —es decir, haber llegado a un acuerdo tan
fácilmente. El canto de sirena de "Pongámonos de acuerdo
y acabemos esto" se vuelve convincente. Usted puede terminar aceptando un acuerdo que debería haber rechazado.

Los costos de utilizar un mínimo. Por lo general, los negociadores tratan de protegerse contra un resultado como ese,
definiendo con anticipación el peor de los resultados aceptables —su "mínimo". Si usted va a comprar, el mínimo es
el precio más alto que estaría dispuesto a pagar. Si va a vender, el mínimo es el precio más bajo que estaría dispuesto
a aceptar. Por ejemplo, usted y su cónyuge piden $ 200 000
por su casa y se ponen de acuerdo en que no aceptarán ningún
ofrecimiento por debajo de $ 160 000.

Es más fácil resistir las presiones y las tentaciones del
momento cuando se tiene un mínimo. En el ejemplo de la
casa, puede ser imposible que un comprador pague más de
$ 144 000; todo el mundo sabe que ustedes compraron la casa
el año pasado por sólo $ 135 000. En esta situación, en la
cual usted tiene el poder de lograr un acuerdo pero nadie
más lo tiene, los comisionistas y todos los demás presentes
pueden volverse contra usted. Su mínimo prefijado lo puede
salvar de tomar una decisión que más tarde lamentaría.

Si con usted hay más de una persona, la adopción común
de un mínimo puede garantizar que ninguno de ustedes le
sugiera a la otra parte que estarían dispuestos a aceptar me-

nos. Limita la autoridad de un abogado, comisionista, u otro agente. "Obtenga el mejor precio posible, pero no lo autorizo para vender por menos de $ 160 000", podría decir usted. Si su parte está integrada por una coalición débil de sindicatos de periodistas que están negociando con una asociación de editores, el acuerdo sobre un mínimo reduce el riesgo de que uno de los sindicatos ceda unilateralmente ante la otra parte.

Pero la protección que da la adopción de un mínimo implica grandes costos. Limita su habilidad para aprovechar la información que obtenga durante la negociación. Por definición, un mínimo es una posición que no se puede cambiar. En ese sentido, implica cerrarse decidiendo de antemano que nada de lo que la otra parte pueda decir ha de llevarlo a subir o a bajar ese mínimo.

Un mínimo también inhibe la imaginación. Reduce el incentivo para inventar una solución a la medida que podría conciliar los diferentes intereses de manera más ventajosa tanto para usted como para ellos. Casi toda negociación incluye más de una variable. En lugar de simplemente vender por $ 160 000 , sería mejor para sus intereses aceptar $ 135 000 sin derecho a revender, posponiendo la finalización del negocio, el derecho a usar el granero para bodegaje durante dos años, y la opción de volver a comprar dos hectáreas de pasto. Si usted insiste en un mínimo, es probable que no explore las posibilidades de una solución imaginativa como ésta. Un mínimo —que es por naturaleza rígido— casi con seguridad será *demasiado* rígido.

Además, es probable que un mínimo sea demasiado alto. Supongamos que usted está desayunando en compañía de su familia, tratando de decidir el precio más bajo que podrían aceptar por su casa. Alguien de la familia sugiere $ 100 000. Otro responde: "Nos deben dar por lo menos $ 140 000". El tercero dice: "$ 140 000 por *nuestra* casa? Eso sería un robo. Vale por lo menos $ 200 000". ¿Quién objetaría, sabiendo que les conviene un precio más alto? Una vez que se decide, este mínimo es difícil de cambiar y puede impedirle vender la casa en el momento adecuado. En otras circunstancias, un mínimo puede ser demasiado bajo; en lugar de vender por ese precio, para usted sería mejor arrendar.

En resumen, aunque la adopción de un mínimo puede protegerlo de un acuerdo muy inconveniente, también puede impedir que invente algo y que acepte una solución que sería prudente aceptar. Una suma seleccionada arbitrariamente no es una medida de lo que debe aceptar.

¿Existe alguna alternativa para el mínimo? ¿Existe alguna medida para lograr convenios que lo protejan tanto de aceptar un acuerdo que usted debe rechazar como de rechazar uno que debe aceptar? Sí existe.

Conozca su MAAN. Cuando una familia decide el precio mínimo de su casa, la pregunta que deben hacerse no es qué "deberían" obtener, sino qué deben hacer si después de cierto tiempo no han vendido la casa. ¿La mantendrán en venta indefinidamente? ¿La arrendarán, la demolerán, convertirán el lote en un parqueadero, dejarán que alguien viva en ella sin pagar arriendo, con la condición de que la pinten, o qué? Teniendo todo esto en cuenta, ¿cuál de esas posibilidades es más atractiva? ¿Y cómo se comparan esas opciones con la mejor de las ofertas que han recibido hasta el momento? Tal vez alguna de esas opciones sea más atractiva que vender la casa por $ 160 000. Por otra parte, quizá vender la casa por $ 124 000 sea mejor que conservarla indefinidamente. Es poco probable que un mínimo seleccionado arbitrariamente refleje realmente los mejores intereses de la familia.

La razón para negociar es obtener algo mejor de lo que se obtendría sin negociar. ¿Cuáles son esos resultados? ¿Cuál es su MAAN: su mejor alternativa para negociar un acuerdo? *Ese* es el criterio con el que se debe juzgar cualquier propuesta. *Ese* es el único criterio que puede protegerlo de aceptar términos demasiado desfavorables y de rechazar términos que sería conveniente aceptar.

Su MAAN no es solamente un mejor criterio, sino que tiene la ventaja de ser lo suficientemente flexible como para

permitirle explorar soluciones imaginativas. En vez de rechazar cualquier solución que no se ajusta a su mínimo, usted
puede comparar una propuesta con su MAAN y ver si satisface mejor sus intereses.

La inseguridad de un MAAN desconocido. Si no ha pensado cuidadosamente en lo que hará si no logra un acuerdo,
usted está negociando con los ojos cerrados. Por ejemplo,
puede ser demasiado optimista y suponer que tiene muchas
otras posibilidades: otra casa en venta, otros compradores
para su automóvil de segunda mano, otros plomeros, otros
empleos, otros vendedores, y así sucesivamente. Aun cuando
su alternativa está determinada, es probable que usted tenga
una visión demasiado optimista sobre las consecuencias de
no lograr un acuerdo. Quizás usted no esté teniendo en cuenta
la agonía de un pleito, de un divorcio no amistoso, de una
huelga, de una carrera armamentista, o de una guerra.

Un error frecuente es ver las alternativas como un todo.
Usted puede decirse que si no llega a un acuerdo sobre el
salario para este empleo, de todos modos podría irse para
California, o para el Sur, o estudiar, o escribir, o trabajar
en el campo, o vivir en París, o hacer alguna otra cosa. Men-
talmente, es probable que el conjunto de estas posibilidades
sea más atractivo que trabajar en un empleo específico por
un salario específico. El problema consiste en que no se puede
tener el conjunto de esas opciones; si no llega a un acuerdo,
debe seleccionar una sola de todas ellas.

En la mayoría de las circunstancias, sin embargo, el peligro más grande es estar *demasiado* comprometido con un
acuerdo. Como usted no ha definido ninguna alternativa para
obtener un acuerdo, es demasiado pesimista acerca de lo que
sucedería si las negociaciones fracasan.

Por valioso que sea conocer su MAAN, usted puede vacilar en la exploración de otras alternativas. Confía en que
este comprador o el siguiente le haga una oferta atractiva
por la casa. O quizás usted evite enfrentarse con la pregunta
sobre lo que haría si no se logra un acuerdo. Asimismo, puede

reflexionar: "Primero negociemos y veamos qué sucede. Si las cosas no salen bien, entonces pensaré en algo". Pero para negociar con prudencia es absolutamente necesario tener por lo menos una respuesta tentativa para esa pregunta. El que usted llegue o no llegue a un acuerdo en una negociación, depende enteramente de lo atractiva que sea la mejor alternativa.

Formule un sistema de alarma. Aunque el MAAN es la medida verdadera con la que se debe juzgar cualquier propuesta para un acuerdo, tal vez usted quiera otra posibilidad. Para poder tener un sistema que lo alerte lo más pronto sobre la posibilidad de que el contenido de un probable acuerdo está demasiado cerca de lo que se considera atractivo, es útil identificar un acuerdo que sea menos que perfecto pero mejor que su MAAN. Antes de aceptar un acuerdo peor que esa propuesta de alarma, es conveniente concederse una tregua y reexaminar la situación. Lo mismo que el mínimo, un sistema de alarma puede limitar la autoridad de un agente. "No venda por menos de $ 158 000, lo que a mí me costó más los intereses, hasta que haya hablado conmigo".

Un sistema de alarma le da un margen de reserva. Si cuando se llegue a ese punto usted decide apelar a un mediador, le ha dejado algo a éste en favor de usted con lo que él puede trabajar. Todavía le queda espacio para maniobrar.

Utilización máxima de sus ventajas

Protegerse contra un acuerdo desventajoso es una cosa. Utilizar al máximo sus ventajas para lograr un buen acuerdo, es otra. ¿Cómo se logra? De nuevo, la respuesta está en el MAAN.

Mientras mejor sea su MAAN, mayor será su poder. La gente cree que el poder de la negociación está determinado por los recursos tales como la riqueza, las conexiones políticas, la fuerza física, los amigos, y el poderío militar. En realidad, el poder relativo de negociación de dos partes depende primordialmente de lo poco atractiva que sea la posibilidad de no llegar a un acuerdo.

Imagínese un turista acaudalado que quiere comprar un vaso de bronce por un precio modesto en la estación de ferrocarril de Bombay. El vendedor puede ser pobre, pero probablemente conoce el mercado. Si no le vende este vaso a este turista, es probable que se lo venda a otro. Por experiencia puede calcular por cuánto se lo podría vender a otra persona. El turista puede ser acaudalado y poderoso, pero en esta negociación es débil, a menos que sepa aproximadamente cuánto le costaría un vaso comparable a ése y qué tan fácil sería encontrarlo. Casi con seguridad corre el riesgo de perder la oportunidad de comprar un vaso como ése o de pagar demasiado. La riqueza del turista no fortalece su poder de negociación. Si esta riqueza es evidente, puede *debilitar* su posibilidad de comprar el vaso a un precio bajo. A fin de que su riqueza se convierta en poder de negociación, el turista tendría que utilizarla para averiguar el precio de un vaso similar o más atractivo en otra parte.

Piense cómo se sentiría en la entrevista para un empleo sin otra oferta segura de empleo —solo algunas sugerencias inciertas. Piense cómo sería la discusión sobre el salario. Compare eso con la manera como se sentiría si usted llegara a la entrevista seguro de otras dos ofertas de empleo. ¿Cómo sería entonces la discusión sobre el salario? La diferencia es poder.

Lo que se aplica a la negociación entre individuos, también se aplica a las negociaciones entre organizaciones. El poder relativo de negociación de una gran empresa y de un pequeño municipio que quiere aumentarle los impuestos a la fábrica no está determinado por el tamaño relativo de sus presupuestos ni por su poder político, sino por la mejor alternativa disponible para cada parte. En cierta ocasión, un pequeño municipio negoció con una gran empresa que tenía una fábrica en las afueras del perímetro urbano; como resultado, la empresa, que pagaba una contribución de "buena voluntad" de $ 300 000 anuales, pasó a pagar $ 2 300 000 al año. ¿Cómo se logró?

El municipio sabía exactamente lo que haría si no llegaba a un acuerdo: ampliaría el perímetro urbano de tal manera que la fábrica quedara incluida y entonces le cobraría el impuesto correspondiente a la zona residencial, el cual ascendería por lo menos a $ 2 500 000 anuales. La empresa estaba comprometida con el mantenimiento de la fábrica; no tenía ninguna alternativa en caso de que no se lograra un acuerdo. A primera vista, parecía que la empresa tuviera mucho poder. Debido a que era el mayor empleador del municipio, el cual estaba sufriendo dificultades económicas, un cierre o traslado le hubiera acarreado gravísimas consecuencias. Además, con lo que ya pagaba la empresa, satisfacía los salarios de los funcionarios municipales que estaban pidiendo más. Sin embargo, como todas esas ventajas no se habían traducido en un buen MAAN, no sirvió de mucho. Así, por tener un buen MAAN, el pequeño municipio estaba en mejor situación para influir sobre el resultado de la negociación, que una de las corporaciones más grandes del mundo.

Encuentre su MAAN. Una exploración vigorosa acerca de lo que usted podría hacer si no se logra un acuerdo, puede fortalecer mucho su posición. Las alternativas atractivas no están ahí esperándolo; por lo general hay que encontrarlas. Para encontrar posibles MAANs, se necesitan tres operaciones distintas: 1) inventar una lista de acciones que se podrían realizar en caso de no llegar a un acuerdo; 2) mejorar algunas de las ideas más prometedoras y convertirlas en alternativas prácticas; y 3) seleccionar, en forma tentativa, la mejor de estas alternativas.

La primera operación es inventar. Si al fin del mes la companía X no le ha ofrecido un empleo satisfactorio, ¿qué podría hacer? ¿Aceptar el empleo que le ofrece la compañía Y? ¿Buscar empleo en otra ciudad? ¿Iniciar un negocio propio? ¿Qué más? Para un sindicato, las alternativas para un acuerdo negociado serían probablemente entrar en huelga, trabajar sin contrato, dar un aviso de huelga a los sesenta días, y ordenar a los miembros del sindicato que "trabajen dentro de las normas".

La segunda etapa es superar la mejor de las ideas y convertir las más prometedoras en alternativas reales. Si piensa que podría trabajar en Chicago, trate de que la idea se materialice en por lo menos la oferta de un empleo. Con la posibilidad de un empleo en Chicago, asegurada (o después de haber descubierto que no hay dicha posibilidad), usted está en mejores condiciones para valorar los méritos de la oferta que se le hace en Nueva York. Mientras el sindicato todavía está negociando, las ideas de llamar un mediador o de entrar en huelga debe convertirlas en proyectos de decisiones operacionales específicas, listas para ejecutarse. El sindicato podría, por ejemplo, hacer una votación entre sus miembros para que autoricen una huelga si no se llega a un acuerdo en el momento de expirar el contrato vigente.

El último paso para obtener un MAAN consiste en seleccionar la mejor alternativa. Si no llega a un acuerdo en la negociación, ¿cuál de las alternativas realistas piensa seleccionar? Una vez realizado este esfuerzo, usted tiene un MAAN. Juzgue todas las ofertas a la luz del MAAN. Mientras mejor sea su MAAN, mejor será su habilidad para mejorar los términos de cualquier acuerdo negociado. Usted tendrá más confianza durante el proceso de negociación si sabe lo que hará en caso de no lograr un acuerdo. Es más fácil suspender las negociaciones si usted sabe para dónde va. Mientras mayor sea su posibilidad de suspender las negociaciones, mayor será la energía con que usted puede presentar sus intereses y la base sobre la cual cree puede lograrse un acuerdo.

La conveniencia de revelarle a la otra parte su MAAN depende de lo que usted opine sobre lo que ella piensa. Si su MAAN es sumamente atractivo —si usted tiene otro cliente esperando en el cuarto vecino—, le conviene que la otra parte lo conozca. Si ellos creen que usted carece de una buena alternativa cuando en realidad usted sí la tiene, entonces es casi seguro que debe hacérselos saber. Sin embargo, si su mejor alternativa es peor de lo que ellos creen, revelárselas debilitará su posición en lugar de fortalecerla.

Tenga en cuenta el MAAN de la otra parte. También debe pensar en las alternativas de que dispone la otra parte. Pueden ser excesivamente optimistas acerca de lo que podrían hacer si no se llega a un acuerdo. Quizás ellos tienen una vaga idea de que disponen de muchas opciones y están bajo la influencia de todas ellas globalmente.

Mientras más sepa usted sobre sus opciones, mejor preparado estará para la negociación. Si conoce sus alternativas, podrá estimar en forma realista lo que puede esperar de la negociación. Si parece que ellos sobreestiman su MAAN, usted puede disminuir sus expectativas.

Es posible que su MAAN sea mejor para ellos que cualquier solución equitativa que usted pueda imaginar. Imagine que usted es un grupo de la comunidad que está preocupado por la posibilidad de que una planta de energía que se está construyendo pueda producir gases dañinos. El MAAN de la empresa es no tener en cuenta las protestas de usted, o seguir hablando con usted hasta que la fábrica esté construida. Para lograr que la empresa tenga en cuenta su preocupación, quizás usted se vea obligado a solicitar legalmente que se revoque el permiso de construcción de la empresa. Es decir, si su MAAN es tan bueno que ellos no ven la necesidad de negociar sobre la base de los méritos de la cuestión, piense en lo que podría hacer para cambiarlo.

Si ambas partes tienen un MAAN atractivo, es posible que el mejor resultado de la negociación —para ambas partes— sea no llegar a un acuerdo. En estos casos, una negociación exitosa es aquella en que las partes descubren en forma amigable y eficiente que lo mejor para los intereses de ambas es explorar otras posibilidades y cesar en el intento de llegar a un acuerdo.

Cuando la otra parte es poderosa

Si la otra parte tiene buenos fusiles, usted no querrá que
la negociación se convierta en una balacera. Mientras más
fuerte parezca ser la otra parte en cuanto a poder físico o
económico, más le conviene a usted negociar con base en
los méritos de la cuestión. En la medida en que ellos tengan
fuerza y usted cuente con sus principios, más le conviene
a usted que el papel preponderante lo desempeñen los principios.

Un buen MAAN puede ayudarle a negociar con base en
los méritos. Usted puede convertir sus propios recursos en
poder efectivo en la negociación si encuentra y mejora su
MAAN. Utilice sus conocimientos, su tiempo, su dinero, las
personas que conoce, su influencia, y su ingenio para llegar
a la mejor solución para usted, independientemente del consentimiento de la otra parte. Mientras mayor sea para usted
la posibilidad de dejar una negociación con facilidad y opti-
mismo, mayor será su capacidad para influir en su resultado.

Su MAAN no solo le permite determinar cuál es el mínimo
aceptable en un acuerdo, sino que probablemente contribuirá
a mejorar ese mínimo. Identificar un MAAN es quizá la manera más efectiva de entenderse con un negociador aparente-
mente poderoso.

7 | ¿Qué pasa si ellos no entran en el juego?

(Utilice el jujitsu de la negociación)

Puede suceder que la discusión de los intereses, las opciones, y los criterios sea un juego prudente, eficiente y amistoso, pero ¿qué pasa si la otra parte no lo quiere jugar? Ellos manifiestan su posición claramente, mientras usted trata de discutir los intereses. Usted puede estar tratando de encontrar posibles acuerdos que maximicen los beneficios para ambas partes. Ellos pueden ocuparse en atacar sus propuestas, decididos únicamente a maximizar sus propias ventajas. Usted puede examinar el problema con respecto a sus méritos; ellos lo atacan a usted. ¿Qué puede usted hacer para que ellos dejen de concentrarse en las posiciones y tengan en cuenta los méritos de la cuestión?

Hay tres estrategias básicas para fijar la atención en los méritos. La primera se centra en lo que *usted* puede hacer. Usted puede concentrarse en los méritos en lugar de concentrarse en las posiciones. Este método, tema del presente libro, es contagioso; mantiene abierta la posibilidad de éxito para aquellos que estén dispuestos a discutir los intereses, las opciones y los criterios. En efecto, usted puede cambiar el juego si empieza a jugar uno distinto.

Si esta estrategia no tiene efecto y ellos continúan empeñados en negociar desde las posiciones, usted puede recurrir a una segunda estrategia que se concentra en lo que *ellos* pueden hacer. Este enfoque neutraliza la negociación basada en las posiciones, de tal manera que dirige su atención hacia los méritos. A esta estrategia le hemos dado el nombre de *jujitsu de la negociación.*

La tercera estrategia se refiere a lo que puede hacer un *tercero.* Si los demás insisten en no entrar en el juego, a pesar de la negociación basada en principios y del *jujitsu* de la negociación, entonces piense en la posibilidad de incluir una tercera persona entrenada en el arte de dirigir la discusión hacia los intereses, las opciones y los criterios. Quizás el arma más efectiva que un tercero puede usar en estos casos es el procedimiento de mediación con un texto.

Ya se ha discutido la primera estrategia —la negociación según principios. En este capítulo se presentan el *jujitsu* de la negociación y el procedimiento con un texto. Al final del capítulo se encuentra un diálogo real en la negociación entre un arrendador y un arrendatario que muestra en detalle cómo se puede convencer a la otra parte de que participe en el juego, utilizando una combinación de negociación basada en principios y del *jujitsu* de ésta.

El jujitsu de la negociación

Si la otra parte anuncia que asumirá una posición firme, usted puede sentir la tentación de criticarla y rechazarla. Si ellos critican su propuesta, usted puede sentir la tentación de defenderla y de atrincherarse. Si ellos lo atacan, usted puede sentir la tentación de contraatacar. En resumen, si ellos lo empujan fuerte, usted tiende a empujarlos a ellos.

Pero si usted lo hace, terminará jugando el juego de la negociación basada en posiciones. Si usted rechaza su propuesta, ellos se encerrarán. Si usted defiende su propuesta, *usted* mismo se encerrará. Y defenderse desvía la negociación y la convierte en un conflicto de personalidades. Usted se encontrará en un círculo vicioso de ataque y defensa, y perderá mucho tiempo y energía en una lucha inútil.

Si no es útil empujarlos a ellos, ¿qué se debe hacer? ¿Cómo puede evitarse el ciclo de acción y reacción? *No los empuje.* Cuando afirmen su posición, no los rechace. Cuando ataquen sus ideas, no las defienda. Cuando lo ataquen a usted, no los ataque. Rompa el círculo vicioso negándose a reaccionar. En lugar de empujarlos, desvíe su ataque y diríjalo contra el problema. Como se hace en las artes marciales orientales del judo y del jujitsu, evite una confrontación directa de su fuerza y la de ellos; más bien, emplee su habilidad para hacerse a un lado y utilice la fuerza del enemigo para lograr su propio fin. En lugar de oponer resistencia a su fuerza, canalícela para explorar intereses, inventar opciones para mutuo beneficio, y buscar criterios independientes.

¿Cómo funciona ''el jujitsu de la negociación'' en la práctica? ¿Cómo se desvía el ataque para dirigirlo contra el problema?

Generalmente, su ''ataque'' consistirá en tres maniobras: la afirmación enérgica de su posición, el ataque contra sus ideas, y el ataque contra usted. Examinemos de qué manera un negociador que se basa en los principios puede manejar cada una de ellas.

No ataque su posición, mire detrás de ella. Cuando la otra parte afirma su posición, ni la acepte ni la rechace. Trátela como si fuera una de las posibles opciones. Busque los intereses que la inspiran, analice los principios que refleja, y piense en las maneras de mejorarla.

Supongamos que usted representa una asociación de maestros en huelga que exigen aumentos salariales y que el único criterio para despidos sea la antigüedad. La junta escolar ha propuesto un aumento general de $ 2 000 y se reserva el derecho de decidir, unilateralmente, quién puede ser despedido. Explore su posición en busca de los intereses que puedan subyacer en la propuesta. "¿Cuáles son exactamente las modificaciones de presupuesto que se requerirían si se aumentaran los salarios más de $ 2 000?" "¿Por qué creen necesario mantener control total sobre los despidos?"

Suponga que toda posición que ellos asuman es un intento sincero de tener en cuenta los intereses básicos de ambas partes; pregúnteles de qué manera están teniendo en cuenta el problema que se estudia. Trate su posición como si fuera una de las opciones y analícela objetivamente para ver hasta qué punto satisface los intereses de ambas partes, o podría mejorarse para que pudiera hacerlo. "¿De qué manera creen ustedes que un aumento general de $ 2 000 mantiene la competitividad de nuestros salarios comparados con otros en la misma área, asegurando que los estudiantes tengan maestros de alta calidad?" "¿Cómo podrían ustedes asegurarles a los maestros que los procedimientos de evaluación para los despidos serían justos? Creemos que ustedes, personalmente, serían justos, pero ¿qué pasaría si ustedes se desvinculan? ¿Cómo podemos dejar nuestro bienestar y el de nuestras familias a merced de una decisión potencialmente arbitraria?"

Identifique y discuta los principios que subyacen en las posiciones de la otra parte. "¿En qué se basan para creer que $ 2 000 es un aumento salarial justo? ¿Se basan en lo que pagan otras escuelas o en lo que otros con cualificación similar hacen?" "¿Les parece que debería despedirse primero a los maestros con menos experiencia o a los maestros con más experiencia —los que, por supuesto, tienen salarios más altos?"

Para llevarlos a mejorar las opciones presentadas, discuta con ellos hipotéticamente lo que pasaría si una de sus posiciones se aceptara. En 1970, un abogado estadounidense tuvo la oportunidad de entrevistar al presidente Nasser de Egipto sobre el conflicto entre árabes e israelís. Le preguntó a Nasser, "¿Qué es lo que usted quiere que haga Golda Meir?"

Nasser respondió, "¡Retirarse!"

"¿Retirarse?", inquirió el abogado.

"¡Retirarse de cada pulgada de territorio árabe!"

"¿Sin ningún acuerdo? ¿Sin que ustedes cedan en nada?", preguntó incrédulo el norteamericano.

"Sin nada. Es nuestro territorio. Ella debe prometer que se retirará", respondió Nasser.

El norteamericano volvió a preguntar: "¿Qué le pasaría a Golda Meir si ella apareciera mañana por la mañana por radio y televisión y dijera, 'En nombre del pueblo de Israel prometo retirarme de todo el territorio ocupado en 1967: el Sinaí, Gaza, la Ribera Occidental, Jerusalén, los Montes de Golán. Y quiero decir que los árabes no han hecho ninguna concesión o promesa' ".

Nasser se echó a reír. "¡Oh, *ella* tendría bastantes problemas en su país!"

La comprensión de lo irreal que era la opción que Egipto le había ofrecido a Israel, puede haber contribuido a que ese mismo día Nasser anunciara que estaba dispuesto a aceptar un cese al fuego.

No defienda sus propias ideas; pida que lo critiquen y lo asesoren. En una negociación se dedica mucho tiempo a criticar. En lugar de resistir las críticas de la otra parte, pida que se las hagan. En lugar de pedirles que acepten o rechacen una idea, pregúnteles qué deficiencias tiene. "¿Cuáles de sus intereses no tiene en cuenta esta propuesta salarial?" Analice sus juicios negativos para descubrir los intereses subyacentes y para mejorar sus ideas desde el punto de vista de la otra parte. Convierta la crítica en un ingrediente esencial del proceso de negociación y no en un obstáculo, revisando sus ideas a la luz de lo que usted percibe sobre los intereses de la otra parte. "Si entiendo correctamente, usted dice que no es posible darle a 750 maestros un aumento salarial superior a $ 2 000. ¿Qué sucedería si nosotros aceptamos eso con la condición de que cualquier cantidad que se ahorre si se contratan menos de 750 maestros de tiempo completo se distribuirá como una bonificación mensual entre los maestros que estén trabajando?"

Otra manera de canalizar la crítica en forma positiva es alterar la situación y pedirles consejo. Pregúnteles lo que harían si ellos estuvieran en su lugar. "Si sus empleos estuvieran en peligro, ¿qué harían ustedes? Nuestros asociados se sienten tan inseguros acerca de sus empleos y tan frustrados por el poco valor de sus dólares, que están pensando en llamar a un sindicato beligerante para que los represente. Si ustedes fueran dirigentes de esta asociación, ¿qué harían?" De esta manera usted los lleva a afrontar su parte del problema. Es posible que al hacerlo logren inventar una solución que satisfaga sus intereses. "Parece que parte del problema es que los maestros sienten que nadie los escucha. ¿Podría ayudar en algo que hubiera sesiones periódicas en las que los maestros pudieran reunirse con la junta escolar?"

Convierta un ataque contra usted en un ataque al problema. Sucede con frecuencia que la otra parte lo ataca a usted personalmente; cuando esto suceda, resista la tentación de defenderse y de atacarlos. Más bien, deje que ellos se desahoguen. Escúchelos, muéstreles que entiende lo que están diciendo, y cuando terminen, convierta su ataque contra usted en un ataque contra el problema. "Cuando usted dice que una huelga significa que no nos importan los niños, entiendo su preocupación por la educación de los niños. Quiero que usted sepa que compartimos esa preocupación: ellos son nuestros hijos y nuestros alumnos. Queremos que termine la huelga para poder seguir educándolos. ¿Qué podemos hacer para llegar a un acuerdo lo más pronto posible?"

Pregunte y haga una pausa. Aquellos que practican el jujitsu de la negociación utilizan dos armas clave. La primera es hacer preguntas en lugar de hacer declaraciones. Las declaraciones generan resistencia, mientras que las preguntas generan respuestas. Las preguntas permiten que la otra parte exprese sus puntos de vista y que usted los comprenda. Plantean retos y pueden usarse para lograr que la otra parte se enfrente al problema. Las preguntas no le proporcionan un blanco para golpear, no le dan una posición para atacar. Las preguntas no critican, educan. "¿Cree que sería mejor que los Maestros cooperaran en un proceso en donde ellos creían participar, o que se resistieran activamente contra uno que ellos perciben como impuesto y que no tiene en cuenta sus intereses?"

El silencio es una de sus mejores armas. Utilícelo. Si ellos hacen una propuesta poco razonable o lo atacan injustificadamente, lo mejor que puede hacer es quedarse sin decir una sola palabra.

Si usted hace una pregunta honesta a la cual ellos han respondido en forma insuficiente, espere. Por lo general, las gentes se sienten incómodas con el silencio, especialmente si tienen dudas sobre los méritos de lo que han dicho. Por ejemplo, si el representante de los maestros pregunta: "¿Por qué razón no deben participar los maestros en la definición de una política sobre despidos?", es posible que el presidente de la junta escolar no sepa qué responder: "Los despidos son un asunto puramente administrativo... Por supuesto, a los maestros les interesa la política de despidos, pero en realidad no son ellos los mejor calificados para saber quién es un buen maestro... Bueno, lo que quiero decir es...".

El silencio crea con frecuencia la impresión de que se ha llegado a un empate que la otra parte puede sentirse obligada a romper, respondiendo su pregunta o haciendo una nueva sugerencia. Cuando haga preguntas, haga una pausa. No les solucione la situación siguiendo de inmediato con otra pregunta o haciendo algún comentario. Algunos de los mejores momentos en una negociación se pueden lograr guardando silencio.

Tenga en cuenta el procedimiento con un solo texto

Es probable que usted llame a un tercero solamente cuando sus propios esfuerzos por pasar de una negociación basada en posiciones a una basada en principios han fracasado. El problema puede ilustrarse con una anécdota sencilla acerca de una negociación entre marido y mujer que están planeando la construcción de su nueva casa.

La esposa quiere una casa de dos pisos con chimenea y un gran ventanal. El esposo quiere una casa moderna estilo rancho, con un estudio y un garaje con mucho espacio para guardar cosas. Durante la negociación, cada uno le hace al otro una serie de preguntas, como "¿Qué opinas sobre la sala?" y "¿De verdad insistes en lograr lo que quieres?" A medida que se responden estas preguntas, se configuran dos planos cada vez más y más definidos. Cada uno de ellos le pide al arquitecto que prepare un primer esbozo y después planos más detallados, cada vez respaldándose más en su propia posición. Como respuesta a la petición de la esposa por mayor flexibilidad, el esposo concede que la longitud del garaje se acorte en un metro. Como respuesta a la insistencia del marido en que haga algunas concesiones, la esposa dice que renunciaría al mirador posterior que afirma haber deseado siempre, pero que ni siquiera aparece en su propuesta de plano. Cada uno de ellos argumenta en defensa de un plano y en contra del otro. Durante este proceso, los dos se sienten heridos en sus sentimientos y la comunicación se torna difícil. Ninguna de las partes quiere hacer ninguna concesión porque creen que eso solo llevará a que se exijan otras.

Este es un caso clásico de negociación basada en posiciones. Si usted no puede cambiarla de tal manera que se busque una solución basada en los méritos de la cuestión, quizás una tercera persona pueda hacerlo. Es más fácil para un mediador que para las personas directamente interesadas separar las personas y el problema y orientar la discusión hacia los intereses y las opciones. Es más, con frecuencia esta tercera persona podrá sugerir alguna base imparcial para resolver las diferencias. Una tercera parte también puede separar la invención de la toma de decisiones, reducir el número de decisiones que se requieren para lograr un acuerdo, y ayudar a las partes a entender lo que obtendrán cuando decidan. Uno de los procedimientos que permiten que una tercera persona pueda lograr todo esto es el procedimiento con un solo texto.

En el caso de la negociación sobre el diseño de la nueva casa, se llamó a un arquitecto independiente y se le mostraron los últimos planos que reflejaban la actual posición del marido y la mujer. No todas las terceras personas manejan con prudencia la situación. Por ejemplo, un arquitecto podría pedirle a las partes aclaraciones de sus posiciones, presionarlas para que hicieran nuevas concesiones, y lograr que se identificaran todavía más emocionalmente con sus respectivas posiciones. Pero el arquitecto que usara el procedimiento de un solo texto procedería de manera diferente. En lugar de preguntar sobre las posiciones, preguntaría sobre los intereses: no qué tan grande es el ventanal que quiere la esposa, sino por qué lo quiere. "¿Lo quiere para recibir el sol de la mañana, o el de la tarde? ¿Lo quiere para mirar hacia afuera o hacia adentro?" Al marido le preguntaría, "¿Por qué quiere el garaje? ¿Qué tipo de cosas quiere guardar? ¿Qué cosas haría en su estudio? ¿Leer? ¿Ver televisión? ¿Reunirse con sus amigos? ¿En qué oportunidades lo usará? ¿Durante el día? ¿Los fines de semana? ¿Por las noches?" y así sucesivamente.

El arquitecto pone muy en claro que no está tratando de que ninguno de los dos esposos ceda ninguna posición. Más bien, está explorando la posibilidad de que él pudiera hacerles alguna recomendación, pero aun eso es incierto. En este momento está tratando únicamente de enterarse lo mejor posible de sus necesidades e intereses.

Después, el arquitecto hace una lista de los intereses y las necesidades de los dos esposos ("el sol de la mañana, chimenea, un sitio cómodo para leer, espacio para un taller, espacio para guardar el barredor de nieve y un automóvil de tamaño mediano", y así sucesivamente). Le pide a cada uno de los dos que critique la lista y que haga sugerencias para mejorarla. Es difícil hacer concesiones, pero es fácil criticar.

Días después, el arquitecto regresa con un esbozo de plano. "Personalmente, no estoy muy satisfecho, pero antes de trabajarle más, quiero obtener sus críticas". El esposo puede decir: "¿Qué tiene de malo? Bueno, pues el baño está demasiado lejos de la alcoba. No hay suficiente espacio para mis libros. Y ¿dónde dormirían los huéspedes?" A la esposa también se le pide que critique este primer esbozo.

Poco después, el arquitecto regresa con un segundo esbozo, y pide nuevas críticas. "Traté de solucionar el problema del baño y el de los libros, y también traté de incluir la idea de que el estudio pueda servir como cuarto de huéspedes. ¿Qué opinan de esto?" A medida que el plano progresa, cada esposo tenderá a discutir los aspectos que son más importantes, no los detalles triviales. Sin conceder nada, por ejemplo, la esposa querrá que el arquitecto entienda plenamente sus principales necesidades. Ninguno de los egos, ni siquiera el del arquitecto, está comprometido con ninguno de los esbozos. La búsqueda de la mejor manera de conciliar sus intereses dentro de las limitaciones financieras se ve como separada de la toma de decisiones, y no existe el temor de comprometerse con demasiado apresuramiento. Ni el marido ni la mujer tienen que abandonar sus posiciones, sino que ahora se sientan uno al lado del otro, por lo menos en forma simbólica, criticando los planos juntos, a medida que se van haciendo y ayudando al arquitecto a preparar una recomendación que más tarde les presentará.

Se prosigue de esta manera, con un tercer plano, un cuarto y un quinto. Finalmente, cuando cree que ya no lo puede mejorar más, el arquitecto dice: "Esto es lo mejor que puedo hacer. He tratado de conciliar sus varios intereses de la mejor manera posible. He resuelto muchos de los problemas utilizando criterios aceptados en la arquitectura y la ingeniería, el precedente, y el mejor criterio profesional a mi disposición. Aquí está. Recomiendo que ustedes acepten este plano".

Cada uno solo tiene que tomar una sola decisión: sí o
no. Al tomar la decisión, cada uno sabe exactamente lo que
va a obtener. Y una respuesta afirmativa puede condicionarse
a la aceptación de la otra parte. El procedimiento con un
solo texto no solamente desvía el juego de una negociación
basada en posiciones, sino que simplifica mucho el proceso
de inventar opciones y de decidirse conjuntamente por una sola.

¿Quién podría asumir el papel del arquitecto en otras negociaciones? Se podría invitar a una tercera parte para que
actúe como mediador. O, en negociaciones entre más de dos
partes, esa tercera parte puede ser uno de los participantes
cuyo principal interés no tiene que ver directamente con los
términos del acuerdo, sino con el logro de un acuerdo.

En muchas negociaciones usted puede ser esa tercera persona. Por ejemplo, usted puede ser el vendedor de una fábrica
de plásticos encargado de negociar con un cliente de la industria que fabrica botellas plásticas. El cliente puede desear
un tipo especial de plástico, pero la fábrica que usted representa puede vacilar ante la renovación de equipos que eso
requeriría. Su comisión de ventas depende más de lograr que
el cliente y el fabricante se pongan de acuerdo, que de los
términos mismos del acuerdo. O usted puede ser el asistente
legislativo de un senador que quiere lograr la aprobación de
una apropiación presupuestal pero que no está demasiado
en que ella sea por diez millones o por once. O usted puede
ser un administrador que trata de decidir un asunto acerca
del cual sus dos principales subordinados tienen criterios diferentes; a usted le interesa más tomar una decisión con la
que ambos puedan vivir, que cuál de las alternativas se escoge.
En cada uno de estos casos, aunque usted es un participante
activo, puede favorecer más sus intereses si se comporta como
un mediador y utiliza el procedimiento con un solo texto.
Sea el mediador en su propia disputa.

Quizá la utilización más famosa del procedimiento con
un solo texto fue la hecha por los Estados Unidos en Camp
David en septiembre de 1978, cuando mediaba entre Egipto

e Israel. Los Estados Unidos escucharon a ambas partes, prepararon un borrador con el cual nadie estaba comprometido, pidieron críticas, y mejoraron el borrador una y otra vez hasta que los mediadores creyeron que ya no lo podían mejorar más. Después de trece días y de unos veintitrés borradores, los Estados Unidos tenían un texto que estaban dispuestos a recomendar. Cuando el presidente Carter lo recomendó, tanto Egipto como Israel lo aceptaron. Como mecanismo técnico para limitar el número de decisiones, reducir la incertidumbre de cada decisión, y evitar que las partes se encerraran cada vez más en sus respectivas posiciones, logró un éxito importante.

El procedimiento con un solo texto es útil en negociaciones entre dos partes, con la participación de un mediador. En negociaciones multilaterales en las que intervienen muchas partes es casi esencial. Ciento cincuenta naciones, por ejemplo, no pueden discutir en forma constructiva ciento cincuenta propuestas diferentes. Tampoco pueden hacer concesiones que dependan de las concesiones mutuas de todos los demás. Necesitan alguna manera para simplificar el proceso de toma de decisiones. El procedimiento con un solo texto puede servir.

Para utilizar el procedimiento con un solo texto usted no necesita el consentimiento de nadie. Sencillamente, prepare una propuesta y pida que se la critiquen. De nuevo, usted puede cambiar el juego si empieza a jugar uno diferente. Aun si la otra parte no quiere hablar con usted (o viceversa), una tercera parte puede hacer circular una propuesta.

Lograr que entren en el juego:
El caso de la agencia Jones y de Frank Turnbull

El siguiente ejemplo de la vida real acerca de una negociación entre un arrendador y un arrendatario puede darle una idea de cómo tratar a una parte que no quiere entrar en una nego-

ciación basada en principios. Es un ejemplo de cómo se puede
cambiar el juego.

Un resumen del caso. En marzo, Frank Turnbull tomó
en arriendo un apartamento de la agencia Jones por $ 600 al
mes. En julio, cuando él y su compañero de apartamento
Pablo, quisieron trastearse, Turnbull se enteró de que el apartamento estaba bajo control de arrendamientos. El máximo
legal por arriendo era $ 466 al mes, $ 134 menos de lo que
habían pagado.

Preocupado porque se le había cobrado más de lo debido,
Turnbull fue a hablar con la señora Jones, de la Agencia
Jones, para tratar sobre el asunto. Al principio, la señora
Jones fue poco receptiva y muy hostil. Insistía en que estaba
en su derecho y acusaba a Turnbull de ingratitud y chantaje.
Después de varias largas sesiones de negociación, la señora
Jones acordó reembolsar el dinero a Turnbull y a su compañe-
ro de apartamento. Al final, su tono se hizo más amistoso.

A todo lo largo de las discusiones, Turnbull utilizó el
método de la negociación basada en principios. Más abajo
se presentan algunos apartes de las discusiones durante la
negociación. Cada sección está encabezada por una frase que
un negociador que se basa en principios podría usar en situaciones similares. Después de cada frase hay un análisis de
la teoría subyacente y de su impacto.

"Por favor, corríjame si estoy equivocado".

___

TURNBULL: Señora Jones, acabo de enterarme —por favor
corríjame si estoy equivocado— de que nuestro apartamento está
bajo control de arrendamiento. Nos han dicho que el arrendamiento
máximo legal es de $ 466 mensuales. ¿Es esto correcto?

___

Análisis. La esencia de la negociación basada en principios
es permanecer abierto a la persuasión por hechos y principios

objetivos. Teniendo la precaución de tratar la visión de los hechos objetivos como posiblemente incorrecta y pidiéndole a la señora Jones que la corrija, Turnbull establece un diálogo sobre bases racionales. La invita a participar, estando de acuerdo con los hechos o corrigiéndolos. Esta aproximación los vuelve colegas que tratan de establecer los hechos. Se evita la confrontación. Si Turnbull sencillamente presenta los hechos como tales, la señora Jones se hubiera sentido amenazada y defensiva. Hubiera podido negar los hechos. La negociación no hubiera comenzado en forma constructiva.

Si en verdad Turnbull hubiera estado equivocado, su petición adelantada de que lo corrigiera lo hubiera hecho más fácil. Si le dice a la señora Jones que estos son los hechos, y después se entera de que estaba equivocado, Turnbull hubiera quedado mal. Todavía peor, entonces ella hubiera dudado de todo lo demás que él hubiera podido decir, haciendo la negociación más difícil.

Uno de los pilares de la negociación basada en principios es mantenerse abierto a la corrección. Solo es posible convencer a la otra parte de que permanezca abierta a los principios y hechos objetivos que usted sugiere, si usted permanece abierto a los que ellos sugieren.

"Le agradecemos lo que ha hecho por nosotros".

TURNBULL: Pablo y yo comprendemos que usted nos hizo un favor personal al arrendarnos el apartamento. Fue usted muy amable en dedicarle el tiempo y la energía, y se lo agradecemos.

Análisis. Para poder separar las personas y el problema es esencial darle apoyo personal a la otra parte logrando así separar los problemas de la relación de los problemas de fondo. Al expresar su gratitud por las buenas obras de la señora

Jones, lo que Turnbull está diciendo realmente es "No tenemos nada contra usted personalmente. Creemos que usted es una persona generosa". Se pone del lado de ella. Evita que ella sienta amenazada su imagen de sí misma.

La alabanza y el apoyo, además, implican que la persona seguirá mereciéndolos. Después que Turnbull la ha alabado, la señora Jones tiene un pequeño compromiso emocional con la aprobación de él. Ahora tiene algo que perder, y por lo tanto puede actuar en forma más conciliadora.

"Queremos lo justo".

TURNBULL: Queremos asegurarnos de que no pagamos más de lo que nos correspondía. Cuando nos convenzamos de que lo que pagamos refleja con justicia el tiempo que ocupamos el apartamento, lo aceptaremos y desocuparemos.

Análisis. Turnbull anuncia que se basará en principios y que mantendrá esa posición. Al mismo tiempo, le dice a la señora Jones que está dispuesto a dejarse persuadir por una argumentación basada en principios. De esta manera, es poco lo que ella puede hacer, excepto razonar con él para defender sus propios intereses.

Turnbull no adopta una posición farisaica basada en principios y respaldada por el poder que pudiera tener. No solamente se basan en principios sus objetivos sino también los medios que va a utilizar. Declara que su objetivo es lograr un justo equilibrio entre el arrendamiento pagado y el tiempo de ocupación del apartamento. Si se convence de que el arrendamiento pagado es justo en términos del tiempo, desocupará. Si el arrendamiento que pagó es excesivo, entonces es justo que permanezca un tiempo más en el apartamento hasta que lo pagado y el tiempo de ocupación se equilibren.

"Nos gustaría un arreglo, basándonos en normas in-dependientes y no en lo que el uno pueda hacerle al otro".

SEÑORA JONES: Es curioso que usted hable de justicia, por-que lo que en realidad me está diciendo es que usted y Pablo solo están interesados en el dinero, y que están dispuestos a aprovecharse del hecho de que todavía están en el apartamento para tratar de obtenerlo de nosotros. Eso me enfurece. Si pudiera lograrlo, usted y Pablo desocuparían hoy mismo.

TURNBULL (*a duras penas controlando su indignación*): Creo que no me he explicado bien. Naturalmente, a Pablo y a mí nos gustaría obtener algún dinero. Por supuesto, podríamos quedarnos en el apartamento hasta que usted lograra un lanzamiento. Pero no se trata de eso, señora Jones.

Para nosotros es más importante sentir que se nos trata justa-mente que obtener unos cuantos dólares aquí y allá. A nadie le gusta sentirse engañado. Y si esto se convirtiera en un asunto de ver quién tiene más poder y nos negáramos a desocupar, tendríamos que acudir a un juzgado, gastar mucho tiempo y dinero, y terminar con dolor de cabeza. A usted le pasaría lo mismo. ¿Quién quiere eso?

No, señora Jones, queremos tratar este asunto equitativamente, según algún criterio justo y no basados en lo que el uno pueda hacerle al otro.

Análisis. La señora Jones pone en duda la idea de negociar con base en principios, diciendo que es una farsa. Se trata en realidad de una lucha de voluntades, y su voluntad es que Turnbull y su compañero se vayan hoy mismo.

Ante esto, Turnbull, casi pierde su buen humor —y con él, el control de la negociación. Siente deseos de contraatacar: "Me gustaría que tratara de sacarnos. Iríamos a un juzgado. Haremos que le revoquen su licencia". La negociación se rompería, y Turnbull tendría que gastar mucho tiempo, es-fuerzo y tranquilidad. Pero en lugar de reaccionar, Turnbull se controla y orienta la negociación de nuevo hacia los méritos

del asunto. Este es un buen ejemplo del jujitsu de la negociación. Desvía el ataque de la señora Jones asumiendo la responsabilidad por sus percepciones erróneas, y trata de con-
vencerla de la sinceridad de su interés en los principios. No
oculta sus propios intereses ni las ventajas que tiene; al contrario, expresa ambos explícitamente. Una vez que se los reconoce, los puede separar de los méritos y dejan de ser un problema.

Turnbull también trata de darle al juego de la negociación
según principios credibilidad, diciéndole a la señora Jones
que ése es su código básico —que siempre juega así. Atribuye
esto no a motivos altruistas —que siempre son sospechosos—
sino a simple interés.

"El problema aquí no es la confianza".

SEÑORA JONES: ¿Usted no confía en mí? ¿Después de todo lo
que he hecho por usted?

TURNBULL: Señora Jones, agradecemos todo lo que ha hecho
por nosotros. Pero en este caso el problema no es la confianza.
El problema es de principios: ¿Pagamos más de lo que deberíamos
haber pagado? ¿Qué cree usted que debemos tener en cuenta para
decidirlo?

Análisis. La señora Jones trata de acorralar a Turnbull.
O él insiste y demuestra desconfianza, o demuestra confianza
y cede. Pero una vez más, Turnbull escapa, expresando de
nuevo su gratitud y declarando que el asunto de la confianza
es irrelevante. Turnbull reafirma de inmediato su gratitud
por la señora Jones, pero permanece firme en sus principios.
Además, Turnbull no solamente descarta el problema de la
confianza, sino que dirige la discusión de nuevo hacia el problema de los principios al preguntarle a la señora Jones qué
consideraciones cree que son relevantes.

Turnbull se adhiere a los principios sin acusar a la señora Jones. Nunca le dice que no es honrada. No le pregunta, "¿Se aprovechó de nosotros?", sino que pregunta más impersonalmente: "¿Pagamos más de lo que deberíamos haber pagado?" Aun si desconfiara de ella, sería una mala estrategia decírselo. Probablemente se pondría a la defensiva y se indignaría y podría asumir una posición rígida o romper las negociaciones definitivamente.

Puede ser útil tener algunas frases de recurso como "El problema aquí no es la confianza", para combatir trucos como la petición de la señora Jones de que confíen en ella.

"¿Podría hacerle algunas preguntas para ver si la información que tengo es correcta?"

TURNBULL: ¿Podría hacerle algunas preguntas para ver si la información que tengo es correcta?

¿Está realmente el apartamento bajo control de arrendamientos?

¿El arrendamiento legal máximo es realmente $ 466?

Pablo me preguntó si esto nos hace cómplices en la violación de la ley.

¿Se le informó a Pablo, cuando firmó el contrato, que el apartamento estaba bajo control de arrendamientos y que el máximo legal era $ 134 menos de lo que él aceptó pagar?

Análisis. Los hechos pueden ser amenazantes. Siempre que pueda, haga más bien una pregunta.

Turnbull hubiera podido decir: "El valor legal del arrendamiento es $ 466. Usted violó la ley. Peor aún, usted nos llevó a violar la ley sin decírnoslo". Probablemente la señora Jones hubiera reaccionado violentamente ante eso, y los hubiera considerado como ataques verbales para ganar puntos.

Presentar la información en forma de pregunta le permite

a la señora Jones participar, escuchar la información, eva-
luarla, y aceptarla o corregirla. Turnbull le comunica a ella
la información pero en forma menos amenazadora. Reduce
la amenaza aún más, atribuyendo una pregunta particularmente difícil a su compañero de apartamento, quien no está
presente.

En realidad, Turnbull trata de llevar a la señora Jones
a colaborar en la definición de una base de hechos aceptados
por ambos, que pueden llevar a una solución basada en
principios.

"¿Qué principio inspira sus actos?"

TURNBULL: No entiendo con claridad por qué nos cobró $ 600
mensuales. ¿Qué razones tuvo para cobrarnos tanto?

Análisis. Un negociador que se basa en principios, ni acepta ni rechaza la posición de la otra parte. Para mantener
el diálogo orientado hacia los méritos de la cuestión, Turnbull
le pregunta a la señora Jones sobre las razones para su posición. No le pregunta si existen razones. Supone que las hay
de peso. Este supuesto halagador lleva a la otra parte a buscar
razones aunque no las haya, manteniendo la negociación sobre la base de los principios.

"Permítame ver si entiendo lo que está diciendo".

TURNBULL: Permítame ver si entiendo lo que está diciendo, señora Jones. Si la entiendo correctamente, usted cree que lo que
pagamos fue justo porque usted le hizo muchas reparaciones y
mejoras al apartamento después de la última evaluación de control

de arrendamientos. No valía la pena la molestia de pedirle a la Junta de Control de Arrendamientos que aumentara el canon por los pocos meses que uste nos arrendó el apartamento.

En realidad, usted nos lo arrendó como un favor a Pablo. Y ahora le preocupa que nos aprovechemos injustamente de usted tratando de obtener algún dinero como condición para desocupar. ¿Hay algo que he omitido o que entendí mal?

Análisis. La negociación basada en principios requiere buena comunicación. Antes de responder a los argumentos de la señora Jones, Turnbull repite en términos positivos lo que ha oído para estar seguro de que comprendió bien.

Una vez que siente que ha sido bien comprendida, ella puede distensionarse y discutir el problema en forma positiva. No puede descartar los argumentos de Turnbull sobre la base de que no tienen en cuenta lo que ella sabe. Es probable que ahora ella sea más receptiva. Al tratar de resumir su punto de vista, Turnbull inicia un juego de cooperación en el cual ambos tratan de comprender los hechos.

"¿Podemos volver a conversar?"

TURNBULL: Ahora que creo que comprendo su punto de vista, quisiera hablar con mi compañero de apartamento y explicárselo. ¿Podemos volver a conversar mañana a alguna hora?

Análisis. Un buen negociador rara vez toma una decisión importante de inmediato. La presión psicológica para ser amable y ceder es demasiado grande. Un poco de tiempo y de distancia ayudan a separar las personas y el problema.

Un buen negociador tiene disponible siempre una razón aceptable para interrumpir cuando quiera. La razón no debe

indicar pasividad o inhabilidad para tomar una decisión. En
este caso, Turnbull deja ver que sabe lo que hace, y fija
el momento de proseguir la negociación. No solamente muestra decisión sino que mantiene el control de la negociación.

Una vez que Turnbull suspende la negociación, puede verificar la información y consultar a su "electorado", Pablo. Puede
reflexionar sobre la decisión y cerciorarse de que no ha perdido la perspectiva.

Un período demasiado largo de negociación ininterrumpi-
da puede debilitar el compromiso con la negociación basada
en principios. Cuando regrese a la negociación, Turnbull habrá renovado su decisión y podrá tratar suavemente a la persona y enfrentarse con fuerza al problema.

**"Quisiera decirle cuáles son los puntos de su razonamiento
que me cuesta trabajo entender".**

TURNBULL: Quisiera decirle cuáles son los puntos de su razonamiento para cobrarnos los $ 134 más al mes que me cuesta trabajo
entender. Una de las razones eran las reparaciones y mejoras del
apartamento. El delegado de Control de Arrendamientos dijo que
para justificar $134 de aumento en el canon de arrendamiento se
requería que las mejoras hubieran costado alrededor de $ 15 000.
¿Cuánto dinero gastó usted en las mejoras?

Debo admitir que no nos pareció que hubieran sido $ 15 000.
Nunca mandó a arreglar el hueco del linóleo que había prometido
reparar; lo mismo sucedió con el hueco en el piso de la sala. El ino-
doro se dañó varias veces. Estos son apenas algunos de los defectos
que encontramos.

Análisis. En la negociación basada en principios usted debe presentar todas sus razones antes de hacer una propuesta.
Si los principios se presentan después, aparecerán, no como

los criterios objetivos que deben fundamentar toda propuesta, sino como meras justificaciones de una posición arbitraria.

El hecho de que Turnbull explicara primero sus puntos de vista, muestra que permanece abierto a la persuasión y que se da cuenta de que es necesario convencer a la señora Jones. Si primero hubiera hecho su propuesta, la señora Jones probablemente no se hubiera tomado el trabajo de escuchar las razones. Su mente estaría ocupada en pensar qué objeciones y contrapropuestas podría hacer.

"Una de las soluciones justas podría ser...".

TURNBULL: Teniendo en cuenta todo lo que hemos conversado, parece que una solución justa sería que usted nos reembolsara a Pablo y a mí la cantidad que pagamos por encima del arriendo legal máximo. ¿Le parece justo?

Análisis. Turnbull presenta la propuesta no como *suya*, sino como una alternativa justa, digna de consideración por ambas partes. No dice que es la única solución justa, sino *una* de las soluciones justas. Es específico, sin atrincherarse en una posición que podría provocar rechazo.

"Si estamos de acuerdo... Si estamos en desacuerdo...".

TURNBULL: Si usted y yo pudiéramos llegar a un acuerdo en este momento, Pablo y yo desocuparíamos de inmediato. Si no podemos llegar a un acuerdo, el delegado de la Junta de Control de Arrendamientos sugirió que podríamos permanecer en el apartamento, y retener los arriendos y/o demandarla a usted por el reembolso, tres veces su valor por daños y perjuicios, y los costos del juicio. A Pablo y a mí no nos gustaría tomar estas medidas. Confiamos en que podremos arreglar este asunto con usted en forma justa, a su satisfacción y a la nuestra.

Análisis. Turnbull está tratando de que sea fácil para la señora Jones aceptar la propuesta. Por eso empieza diciendo con toda claridad que lo único que se necesita para que el problema desaparezca es que la señora Jones acepte.

La parte más difícil de comunicar es la alternativa que queda si no se llega a un acuerdo. ¿Cómo puede Turnbull comunicarlo para que ella lo tenga en cuenta al tomar su decisión, sin destruir la negociación? Presenta la alternativa como basada en principios objetivos atribuyéndoselos a una autoridad legal —el delegado. Se distancia personalmente de la sugerencia. Tampoco dice en forma definitiva qué acción tomará. Más bien, lo deja como una posibilidad y subraya su vacilación en tomar una acción drástica. Finalmente, termina afirmando su confianza en que se llegará a un acuerdo satisfactorio para ambas partes.

El MAAN de Turnbull —su mejor alternativa para un acuerdo— probablemente no es ni quedarse en el apartamento ni iniciar un juicio. El y Pablo ya han tomado en arriendo otro apartamento y preferirían ocuparlo de inmediato. Un juicio sería difícil, debido a sus muchas ocupaciones, y aun si lo ganaran podrían tener dificultades para que les pagaran. Probablemente el mejor MAAN de Turnbull es desocupar y no preocuparse más por los $ 670 que pagaron de más. Debido a que su MAAN es probablemente menos atractivo de lo que cree la señora Jones, Turnbull no se lo dice.

**"Nos gustaría desocupar el apartamento
cuando sea más conveniente para usted".**

SEÑORA JONES: ¿Cuándo piensan desocupar?

TURNBULL: Mientras podamos llegar a un acuerdo acerca del valor del arriendo por el tiempo que ocupamos el apartamento, nos gustaría desocuparlo cuando sea más conveniente para usted. ¿Cuándo lo preferiría?

Análisis. Viendo la posibilidad de una ganancia mutua, Turnbull manifiesta su interés en discutir las maneras de satisfacer los intereses de la señora Jones. En realidad, Turnbull y la señora Jones están ambos interesados en que el apartamento se desocupe a la mayor brevedad.

La inclusión de sus intereses en el acuerdo no solamente involucra a la señora Jones, sino que la ayuda a quedar bien. Por una parte, puede sentirse satisfecha de haber llegado a un acuerdo justo aunque le cueste algún dinero. Por otra parte, puede decir que logró que los arrendatarios desocuparan prontamente.

"Ha sido un placer tratar con usted".

TURNBULL: Pablo y yo le agradecemos, señora Jones, todo lo que hizo por nosotros, y nos alegramos de haber podido arreglar este último problema en forma amistosa.

SEÑORA JONES: Gracias, señor Turnbull. Que tenga unas buenas vacaciones.

Análisis. Turnbull pone fin a la negociación en una última nota de conciliación con la señora Jones. Debido a que pudieron resolver el problema con éxito, independientemente de su relación, ninguna de las partes se siente indignada ni siente que se aprovecharon de ella, y ninguna de las dos estará dispuesta a pasar por alto o a sabotear el acuerdo. Se conserva una relación de trabajo para el futuro.

Sea que usted use negociación basada en principios o el jujitsu de la negociación, como hizo Frank Turnbull, o sea que recurra a una tercera persona que utilice el procedimiento con un solo texto, la conclusión es la misma: por lo general, es *posible* que la otra parte juegue el juego de la negociación basada en principios, aun si inicialmente parecía que no deseaba hacerlo.

8 | ¿Qué pasa si ellos juegan sucio?

(Dome al negociador implacable)

La negociación basada en principios está muy bien, pero ¿qué pasa si el otro negociador lo engaña o trata de cogerlo desprevenido? ¿O si aumenta sus exigencias en el momento en que están a punto de llegar a un acuerdo?

Existen muchas tácticas y trucos que la gente puede usar para aprovecharse de usted. Todo el mundo conoce algunos. Van desde las mentiras y la violencia psicológica hasta varias formas de táctica de presión. Pueden ser ilegales, no éticas, o simplemente desagradables. Su propósito es ayudarle al que las usa a "ganar" algo sustantivo en una lucha de voluntades que no se basa en principios. Estas tácticas pueden llamarse negociaciones sucias.

Si se dan cuenta de que se está usando contra ellos una de las tácticas del juego sucio de la negociación, la mayoría de las personas reacciona de una de dos maneras. La primera es tolerarlo. Es desagradable crear problemas. Puede ser que le conceda a la otra parte el beneficio de la duda, o que se indigne y prometa no volver a tratar con ellos. Por ahora, espera lo mejor y se queda callado. La mayoría de las personas reaccionan de esta manera. Esperan que si ceden en esta ocasión, la otra parte se calmará y no exigirá más. A veces esto

sucede, casi siempre no sucede. Esta fue la manera como
Neville Chamberlain, el primer ministro británico, respondió
a las tácticas de negociación de Hitler en 1938. Cuando Chamberlain creía que había logrado un acuerdo, Hitler aumentaba
sus exigencias. En Munich, Chamberlain cedió con la esperanza de evitar una guerra. La segunda guerra mundial empezó
un año después.

La segunda manera más común de responder es con las
mismas armas. Si empiezan exigiendo demasiado, usted empieza ofreciendo muy poco. Si lo engañan, usted también
engaña. Si lo amenazan, usted amenaza. Si se atrincheran
en sus posiciones, usted lo hace aún más en las suyas. Al
final, o una de las partes se rinde o, con mucha frecuencia,
se rompe la negociación.

Estas tácticas no son legítimas porque no cumplen la prueba de la reciprocidad. Están hechas para que las use una
sola de las partes; se supone que la otra parte no las reconoce
o que las tolerará conociéndolas. Anteriormente hemos dicho
que una manera efectiva de responder a una propuesta unila-
teral es examinar la legitimidad del principio reflejado en
la propuesta. Las tácticas de negociación engañosas son en
realidad propuestas unilaterales acerca del *procedimiento*, acerca del juego de negociación que las partes van a jugar. Para
contrarrestarlas, debe tratar de entrar en un proceso de negociación basado en principios acerca del proceso de negociación.

¿Cómo se negocia acerca de las reglas del juego?

Hay tres pasos en la negociación acerca de las reglas de ésta
cuando la otra parte parece estar usando tácticas engañosas:
reconozca la táctica, exprese el problema explícitamente, y
ponga en duda la legitimidad y utilidad de la táctica —negocie
sobre ella.

Para poder remediar algo, es necesario saber qué está
sucediendo. Aprenda a reconocer los trucos que indican engaño, los que pretenden hacerlo sentir incómodo, y los que

atrincheran a la otra parte en su posición. Con frecuencia, el simple reconocimiento de una táctica puede neutralizarla. Darse cuenta, por ejemplo, de que la otra parte lo está atacando personalmente para ofuscar su criterio, puede frustrar su intento.

Una vez reconocida la táctica, hágala explícita. "Joe, puedo estar equivocado, pero me parece que usted y Ted están jugando el juego del bueno y el malo. Si desean un receso para arreglar las diferencias entre ustedes, no vacilen en pedirlo". Hacer explícita la táctica no solamente la hace menos efectiva, sino que también puede conducir a que la otra parte empiece a preocuparse respecto a la posibilidad de que usted se vuelva completamente negativo. El simple hecho de hacer explícita una táctica puede ser suficiente para que la otra parte deje de utilizarla.

Sin embargo, el propósito más importante de hacer explícita la táctica es darle a usted la oportunidad de negociar acerca de las reglas del juego. Este es el tercer paso. Esta negociación se concentra en el procedimiento en lugar de en la sustancia, pero la meta sigue siendo lograr un acuerdo sensato (en este caso acerca del procedimiento) en forma eficiente y amistosa. No es de sorprenderse que el método sea el mismo.

Separe la persona y el problema. No ataque personalmente a las personas por utilizar una táctica que usted considera ilegítima. Si se ponen a la defensiva puede resultarles más difícil renunciar a la táctica, y quedarles un residuo de ira que puede resentirse e interferir más tarde otros asuntos. Ponga en tela de juicio la táctica, no la integridad personal de las personas. En lugar de decir, "Ustedes me situaron deliberadamente de frente a la luz del sol", ataque el problema: "La luz del sol me da en los ojos y me distrae. A menos que este problema se pueda solucionar, me parece que voy a tener que retirarme temprano para descansar. ¿Quieren que revisemos el horario?" ¿Será más fácil cambiar el proceso de negociación que cambiar a las personas con las que esté tratando. No se deje desviar de la negociación por el deseo impulsivo de darles una lección.

Concéntrese en los intereses, no en las posiciones. "¿Por qué se está usted comprometiendo frente a la prensa, a esa posición extrema? ¿Desea protegerse contra las críticas? ¿O quiere protegerse de la tentación de cambiar su posición? ¿Cree usted que el uso de esta táctica favorece nuestros intereses mutuos?"

Invente opciones de mutuo beneficio. Sugiera alternativas. "¿Cómo le parece si acordamos no hacer declaraciones a la prensa hasta que hayamos llegado a un acuerdo o hayamos roto las negociaciones?"

Insista en usar criterios objetivos. Sobre todo, insista en los principios. "¿Existe alguna razón para ubicarme en la silla baja, de espaldas a la puerta abierta?" Ensaye el principio de la reciprocidad. "Supongo que mañana usted se sentará en esta silla". Exprese el principio que inspira cada táctica como una propuesta para las "reglas" del juego. "¿Vamos a derramar el café sobre el otro por turnos cada día?"

Como último recurso, acuda a su MAAN (su mejor alternativa para negociar un acuerdo) y retírese. "Tengo la impresión de que usted no está interesado en negociar de una manera que ambos creamos puede producir resultados. Aquí tiene mi teléfono. Si me equivoco, estoy dispuesto a continuar cuando usted quiera. Mientras tanto, aceptemos la opción de un proceso legal". Si usted se retira por razones legítimas, como cuando lo han engañado deliberadamente sobre los hechos o sobre su autoridad, si ellos están realmente interesados en llegar a un acuerdo, probablemente lo vuelvan a llamar para continuar la negociación.

Algunas tácticas engañosas comunes

Las tácticas engañosas pueden dividirse en tres categorías: engaño deliberado, guerra psicológica, y presiones. Debe estar preparado para manejarlas todas. En seguida damos algunos ejemplos frecuentes de cada tipo; para cada uno mostramos de qué manera podría aplicarse la negociación basada en principios para contrarrestar esas tácticas.

Engaño deliberado

Quizá la forma más común de juego sucio es la distorsión acerca de los hechos, la autoridad, o las intenciones.

Información falsa. La forma más antigua de jugar sucio en la negociación es hacer afirmaciones falsas: "Este automóvil fue usado solo en 5 000 millas, manejado por una viejita de Pasadena, que nunca manejó a más de 35 millas por hora". El peligro de dejarse engañar por las falsas afirmaciones es grande. ¿Qué puede hacer?

Separe las personas y el problema. A menos que tenga buenas razones para confiar en alguien, no confíe. Esto no quiere decir que deba llamar al otro mentiroso; significa que la negociación debe hacerse independientemente de la confianza. No permita que nadie interprete sus dudas como ataques personales. Ningún vendedor le entregará un reloj o un automóvil a cambio de la afirmación (de usted) de que usted tiene dinero en el banco. Así como el vendedor, por rutina, verifica su crédito ("porque hay por ahí tantas personas en las que no se puede confiar"), así también usted puede verificar las afirmaciones de la otra parte. La rutina de verificar las afirmaciones sobre los hechos reduce la tentación de utilizar el engaño, y el peligro de que lo engañen.

Autoridad ambigua. La otra parte puede dejar que usted crea que ellos, lo mismo que usted, tienen plena autoridad cuando en realidad no la tienen. Después que lo han presionado tanto como pueden, y que usted ha logrado lo que cree ser un acuerdo firme, anuncian que deben someterlo a la aprobación de otra persona. Esta técnica tiene por objeto darles "una segunda oportunidad".

Estar en esta situación es mala cosa. Si solamente *usted*

tiene autoridad para hacer concesiones, solamente usted las hará.

No suponga que la otra parte tiene plena autoridad, solamente porque está negociando con usted. Un representante de seguros, un abogado, o un vendedor puede dejar que usted crea que la flexibilidad de él tiene su contrapartida en la flexibilidad de usted. Más tarde usted puede enterarse de que lo que usted creía era un acuerdo, será considerado por la otra parte simplemente como el punto de partida para una continuación de la negociación.

Antes de empezar un intercambio, averigüe cuál es el grado de autoridad de la otra parte. Es perfectamente legítimo preguntar: "Exactamente, ¿qué tanta autoridad tiene usted para esta negociación?" Si la respuesta es ambigua, usted puede decir que desea hablar con alguien que realmente tenga autoridad, o dejar en claro que usted también se reserva igual libertad para reconsiderar cualquier punto.

Si le dicen inesperadamente que ellos van a considerar como base para nuevas negociaciones lo que usted consideraba un acuerdo aceptado, insista en la reciprocidad. "Muy bien. Lo consideraremos como una propuesta conjunta con la cual ninguna de las partes está comprometida. Ustedes hablan con el jefe, y yo consultaré con la almohada para ver si se me ocurren algunos cambios que quiera sugerir mañana". O podría decir: "Si su jefe aprueba esta propuesta mañana, yo la aceptaré. Si no, entonces cada uno de nosotros estará en libertad para proponer cambios".

Intenciones dudosas. Cuando el problema es la ambigüedad en las intenciones de cumplir el acuerdo, con frecuencia es posible incluir normas para su cumplimiento en el acuerdo mismo.

Suponga que usted es el abogado que representa a la esposa en la negociación para el divorcio. Su cliente no cree que el esposo pague el sostenimiento de los niños aunque diga que lo va a hacer. El tiempo y la energía que exigen recurrir

al tribunal cada mes pueden obligarla a renunciar al esfuerzo.
¿Qué se puede hacer? Haga que el problema sea explícito
y utilice sus promesas para obtener una garantía. Usted podría decirle al abogado del esposo: "Mire, mi cliente teme
que esos pagos para el sostenimiento de los hijos no se van
a hacer en realidad. ¿Por qué no darle participación en la
casa, en lugar de esos pagos mensuales?" El abogado del
esposo podría decir: "Mi cliente es completamente confiable.
Haremos constar por escrito que él pagará el sostenimiento
de los hijos regularmente". A esto usted podría responder:
"No se trata de un asunto de confianza. ¿Está usted seguro
de que su cliente pagará?"

"Por supuesto".

"¿Completamente seguro?"

"Sí, estoy completamente seguro".

"Entonces no tendrá inconveniente en aceptar un arreglo
condicionado. Su cliente prometerá pagar el sostenimiento
de los hijos. Acordaremos que si, por alguna razón inexplica-
ble que usted considera improbable, él deja de hacer dos
pagos, entonces mi cliente obtendrá participación en la casa
(menos, por supuesto, la cantidad que su cliente ya haya
pagado por concepto de sostenimiento de los hijos) y a partir
de entonces su cliente no estará obligado a seguir pagando
el sostenimiento de los hijos". No será fácil para el abogado
del esposo encontrar objeciones a esta propuesta.

**Algo menos que la verdad total no es lo mismo que una
mentira.** Una mentira o engaño deliberado respecto a los
hechos o respecto a las intenciones no es lo mismo que dejar
de expresar la totalidad de una opinión. La negociación de
buena fe no requiere una revelación total. Quizá la mejor
respuesta a una pregunta como "¿Qué sería lo máximo que
usted pagaría si tuviera que hacerlo?", sería más o menos
la siguiente: "No nos dejemos llevar a una situación en
la cual la tentación de mentir es grande. Si usted cree que
no existe la posibilidad de un acuerdo, y que estamos tal
vez perdiendo el tiempo, podríamos confiar nuestras intencio-

nes a una tercera parte digna de confianza, para que nos dijera si existe alguna zona potencial para un posible acuerdo''. De este modo es posible ser totalmente honesto respecto a una información que no se está revelando.

Guerra psicológica

Estas tácticas están destinadas a hacerlo sentir incómodo, de manera que tenga un deseo inconsciente de terminar la negociación lo más pronto posible.

Situaciones tensas. Se ha escrito mucho sobre las circunstancias físicas en las cuales transcurre la negociación. Usted debe ser sensible ante cuestiones tan sencillas como si la reunión se hace en su oficina, en la de ellos, o en territorio neutral. Aunque por lo general se piensa lo contrario, a veces tiene ventajas aceptar que una reunión se realice en el territorio de la otra parte. Puede distensionarlos, permitiendo que sean más abiertos ante sus sugerencias. Si es necesario, será fácil para usted retirarse. Si, no obstante, usted permite que la otra parte seleccione el ambiente físico de la reunión, debe ser consciente de lo que esta selección implica y de los efectos que puede tener.

Pregúntese a usted mismo si se siente tenso, y por qué. Tenga conciencia de que si la habitación es demasiado ruidosa, si la temperatura está demasiado caliente o demasiado fría, o si no hay un lugar donde usted pueda consultar en privado con un colega, eso significa que el ambiente puede haber sido arreglado deliberadamente para hacerlo querer que la negociación termine lo más pronto posible, y en caso necesario, obligarlo a hacer concesiones con el fin de concluirla.

Si usted encuentra que el ambiente lo perjudica, no vacile en decirlo. Usted puede sugerir que se cambien las sillas, que se haga un receso, o que se continúe en otro lugar o a otra hora. En cada caso, usted debe identificar el problema, discutirlo con la otra parte, y negociar mejores circunstancias de ambiente físico en forma objetiva y con arreglo a principios.

Ataques personales. Además de la manipulación del ambiente físico, existen otras maneras en las que la otra parte puede hacerlo sentirse incómodo, utilizando comunicación verbal y no verbal. Pueden hacer comentarios sobre su ropa o sobre su apariencia. "Parece que hubiera estado despierto toda la noche. ¿Las cosas en la oficina van mal?" Pueden atacar su *estatus* haciéndolo esperar o interrumpiendo la negociación para tratar con otras personas; sugerir que usted es ignorante; negarse a escucharlo y hacerlo repetir lo que ha dicho, o, en fin, pueden negarse deliberadamente a mirarlo de frente. (Algunos sencillos experimentos con estudiantes han confirmado el malestar que se siente cuando se utiliza esta táctica, y la dificultad para identificar la causa del problema.) En cada caso, el reconocimiento de la táctica contribuirá a anular su efecto; discutirla con la otra parte en forma explícita probablemente evitará que se repita.

El juego del bueno y el malo. Una forma de presión psicológica que también implica un engaño es el juego del bueno y el malo. Esta técnica aparece en su forma más evidente en algunas viejas películas de policía. El primer policía amenaza al sospechoso con juicios por numerosos crímenes, lo hace sentar bajo una luz brillante, lo vapulea, y por último decide descansar, y se va. Entonces el bueno apaga la luz, le ofrece un cigarrillo al sospechoso, y ofrece disculpas por el comportamiento del primer policía. Dice que a él personalmente le gustaría controlar al tipo brusco, pero que le será imposible, a menos que el sospechoso colabore. El resultado: el sospechoso dice todo lo que sabe.

De manera similar, durante una negociación, dos personas de la misma parte empiezan una pelea. Una de ellas adopta una posición dura: "Estos libros valen $ 8 000, y no aceptaré un centavo menos". Su socio se ve apenado e incómodo. Por último interviene: "Frank, eso no es razonable. Al fin y al cabo, estos libros tienen dos años, aunque no se han usado mucho". Dirigiéndose a la otra parte, dice en forma conciliadora: "¿Podría usted pagar $ 7 600?" La concesión no es mucha, pero parece casi como un favor.

El juego del bueno y el malo es una forma de manipulación psicológica. Si usted la reconoce, no se dejará engañar. Cuando intervenga el bueno, pregúntele lo mismo que le preguntó al malo: "Le agradezco que quiera ser razonable, pero todavía quiero saber por qué cree usted que ese es un precio justo. ¿En qué criterio se basa? Estoy dispuesto a aceptar los $ 8 000 si usted puede convencerme de que ese precio es el más justo".

Amenazas. Una de las tácticas más comunes en la negociación son las amenazas. Parece fácil amenazar —mucho más fácil que hacer una propuesta. No requiere sino unas pocas palabras, y si surte efecto, nunca tendrá que cumplirse. Pero las amenazas provocan otras amenazas como respuesta, en una espiral creciente que puede destruir una negociación y aun una relación.

Las amenazas son presiones. Con frecuencia la presión logra exactamente lo contrario de lo que se busca; produce presiones en la otra parte. En lugar de hacer que una decisión sea más fácil para la otra parte, con frecuencia la hace más difícil. Como respuesta ante una presión externa, un sindicato, un comité, una empresa, un gobierno pueden cerrar filas. Los moderados y los belicistas pueden unirse para resistir lo que perciben como un intento ilegítimo de coaccionarlos. La pregunta deja de ser "¿Debemos tomar esta decisión?" y se convierte en "¿Vamos a ceder ante la presión?"

Los buenos negociadores rara vez recurren a las amenazas. No necesitan hacerlo; existen otras maneras de dar la misma información. Si parece necesario indicar las consecuencias de la acción de la otra parte, sugiera aquellas que sucederán independientemente de su voluntad, en lugar de aquellas que usted podría producir. Las *advertencias* son más legítimas que las amenazas y no son vulnerables ante las amenazas de la otra parte: "Si no llegamos a un acuerdo, me parece muy probable que los medios de comunicación insistan en publicar toda la verdad, en toda su sordidez. No veo cómo sería posible suprimir información en un asunto de tanto interés público. ¿Lo ve usted?"

Para que las amenazas sean efectivas, deben comunicarse en forma creíble. A veces usted podrá interferir el proceso de comunicación. Usted puede no dar atención a las amenazas; puede considerarlas como carentes de autoridad, impulsivas, o sencillamente irrelevantes. También puede lograr que comunicarlas sea un riesgo. En una mina de carbón donde uno de los autores estaba actuando como mediador recientemente, se recibían numerosas amenazas falsas pero costosas de que se habían puesto bombas. Estas amenazas disminuyeron dramáticamente cuando la recepcionista de la empresa empezó a responder todas las llamadas con "Su voz se está grabando. ¿Qué número desea?"

A veces las amenazas pueden convertirse en ventajas políticas para usted. Un sindicato puede decirle a la prensa: "La administración tiene tan pocas razones, que está recurriendo a las amenazas". Con todo, quizá la mejor respuesta ante una amenaza sea apoyarse en los principios. "Hemos preparado una secuencia de acciones para responder a las amenazas que acostumbra hacer la administración. Sin embargo, hemos suspendido estas acciones hasta cerciorarnos de si podemos ponernos de acuerdo en que hacer amenazas no es en este momento la actividad más constructiva". O "Yo solo negocio sobre los méritos. Mi reputación se basa en mi negativa a responder a las amenazas".

Tácticas de presión desde las posiciones

Este tipo de táctica de negociación propende a estructurar la situación de tal manera que solamente una de las partes pueda hacer concesiones.

Negativa a negociar. Cuando los diplomáticos estadounidenses y el personal de la embajada en Teherán fueron tomados como rehenes en 1979, el gobierno iraní anunció sus exigencias y se negó a negociar. Con frecuencia los abogados

hacen lo mismo, diciéndole a la contraparte, "Nos veremos
en el juzgado". ¿Qué se puede hacer cuando la otra parte
simplemente se niega a negociar?

Primero, reconozca que la táctica puede ser un truco para
negociar: un intento de lograr que su participación en la negociación sea una carta para obtener concesiones sustanciales.
Una variación de este truco es poner condiciones para la
negociación.

Segundo, discuta su negativa a negociar. Comuníquese
directamente o por medio de terceros. No los ataque por
no querer negociar, sino más bien trate de averiguar qué interés tienen en no negociar. ¿Les preocupa concederle *estatus*
a usted si le hablan? ¿Se criticará a los que hablen con usted
por ser "suaves"? ¿Creen que la negociación destruirá su
precaria unidad interna? ¿O simplemente no creen que se
pueda llegar a un acuerdo?

Sugiera algunas opciones, tales como la negociación por
medio de terceros, por medio de cartas, o promoviendo discusiones entre personas privadas, como los periodistas, para
discutir el asunto (como sucedió en el caso iraní).

Finalmente, insista en usar principios. ¿Les gustaría a
ellos que usted jugara de esa manera? ¿Quieren que usted
también ponga condiciones? ¿Querrán que otros se nieguen a
negociar con ellos? ¿Cuáles son los principios que ellos consideran aplicables a esta situación?

Exigencias exageradas. Con frecuencia los negociadores
comenzarán con propuestas extremas como ofrecer $ 75 000
por su casa, que parece valer $ 200 000. El objeto es reducir
sus expectativas. También creen que una posición inicial extrema les dará un mejor resultado final, creyendo que finalmente las partes dividirán la diferencia entre sus posiciones.
Este aspecto tiene desventajas, aun para negociadores enga-
ñosos. Una exigencia exagerada que tanto ellos como usted
saben que se abandonará, puede disminuir su credibilidad.
Este comienzo también puede destruir la posibilidad de un

acuerdo; si ofrecen demasiado poco, usted puede creer que no vale la pena negociar con ellos.

Hacerles tomar en cuenta la táctica tiene buenos resultados en este caso. Pídales una justificación de su posición basada en principios, hasta que aun a ellos les parezca ridícula.

Exigencias crecientes. Un negociador puede aumentar sus exigencias por cada concesión que le hace al otro. Puede también reabrir problemas que usted creía ya resueltos. El beneficio de esta táctica está en disminuir las concesiones, y en el efecto psicológico de hacer que usted quiera llegar a un acuerdo rápidamente antes que las exigencias aumenten.

El primer ministro de Malta utilizó esta táctica en las negociaciones de 1971 con la Gran Bretaña sobre el precio de los derechos para bases navales y aéreas. Cada vez que los británicos creían que habían logrado un acuerdo, él decía: "Sí, de acuerdo, pero todavía existe un pequeño problema". Y el pequeño problema resultaba ser el pago por adelantado de 10 millones de libras o la garantía de empleos para trabajadores de la base y el puerto por toda la duración del contrato.

Cuando usted reconozca esto, haga que la otra parte caiga en la cuenta y entonces tómese un descanso para considerar si quiere continuar la negociación y sobre qué bases. Esto evita una reacción impulsiva y les señala la seriedad de su conducta. Y de nuevo, insista en los principios. Cuando regrese, cualquiera que de verdad esté interesado en un acuerdo, actuará con mayor seriedad.

Tácticas de atrincheramiento. Esta táctica se ilustra con el conocido ejemplo de Thomas Schelling sobre dos camiones cargados de dinamita que se encuentran en una carretera de un solo carril. El problema es cuál de los dos camiones se saldrá del camino para evitar un accidente. Cuando los camiones se acercan, uno de los conductores ve que el otro arranca el timón y lo tira por la ventana. Al ver esto, el otro conductor no puede sino escoger entre una colisión explosiva y salirse de la carretera. Este es un ejemplo de una táctica de compromiso extremo que pretende hacerle imposible ceder. Paradójicamente, usted fortalece su posición en la negociación, debilitando su control de la situación.

En las negociaciones entre los sindicatos y las empresas y en las negociaciones internacionales esta táctica es común. El presidente del sindicato hace un discurso emocionado frente a los trabajadores, prometiendo que no aceptará menos de un aumento del 15 por ciento. Como quedaría mal y perdería credibilidad si acepta menos, puede convencer a la empresa de que el sindicato debe obtener el 15 por ciento.

Pero las tácticas de atrincheramiento son riesgosas. Usted puede desenmascarar a la otra parte y obligarlos a hacer concesiones que más tarde tendrán que explicar a sus electores.

Lo mismo que las amenazas, las tácticas de atrincheramiento dependen de la comunicación. Si el otro conductor no ve que uno de ellos ha tirado el timón por la ventana, o si cree que el camión tiene un mecanismo de emergencia para la dirección, el hecho de tirar el timón por la ventana no tendrá el efecto deseado. Ambos conductores sentirán por igual la presión de tener que evitar un choque.

Por lo tanto, como respuesta a una táctica de compromiso, usted puede interrumpir la comunicación. Puede interpretar el compromiso de manera que lo debilite. "Ya veo. Usted le dijo a los periódicos que su *aspiración* era lograr $ 200 000. Bueno, todos tenemos nuestras aspiraciones. ¿Quiere usted saber cuáles son las mías?" Usted también puede hacer un comentario jocoso y negarse a tomar en serio el atrincheramiento.

También puede resistirse basado en principios: "Perfecto, Bob, entiendo que usted hizo una declaración pública. Pero yo no acostumbro ceder ante la presión, sólo ante la razón. Discutamos los méritos del problema". De todas maneras, evite que el compromiso se convierta en un asunto central. Quítele importancia en tal forma que la otra parte pueda retroceder sin quedar mal.

El socio inconmovible. Quizás una de las tácticas más comunes en la negociación sea justificar la negativa a ceder a sus exigencias alegando que personalmente el negociador no tendría ninguna objeción pero que su socio inconmovible no lo deja. "Estoy de acuerdo en que ésa es una solicitud perfectamente razonable. Pero mi esposa se niega en absoluto a aceptarla".

Reconozca la táctica. En lugar de discutirla con el otro negociador, puede desear que el acuerdo se refiera al principio que lo inspira —quizá por escrito— y, si es posible, hablar directamente con el "socio inconmovible".

Demoras premeditadas. Con frecuencia una de las partes tratará de posponer la decisión hasta un momento que consideran favorable. De ordinario, los negociadores sindicales demorarán hasta unas pocas horas antes de la hora cero para el comienzo de la huelga, suponiendo que la presión psicológica hará que la administración sea más maleable. Infortunadamente, por lo común calculan mal y llega la hora cero. Una vez que empieza la huelga, la administración puede decidir a su vez que esperará un momento más favorable, por ejemplo, cuando se agote el fondo de huelgas del sindicato. Esperar el momento oportuno es un juego de alto riesgo.

Además de hacer explícitas las tácticas de demora y negociarlas, considere la posibilidad de crear una oportunidad decreciente para la otra parte. Si usted representa una empresa que está negociando una fusión con otra empresa, inicie conversaciones con una tercera, explorando la posibilidad de una fusión con ellos. Busque condiciones objetivas que puedan usarse para establecer plazos, tales como el vencimiento de la fecha para pagar los impuestos, la reunión anual de la junta de propietarios, el vencimiento del contrato, o la terminación de la sesión legislativa.

"Tómelo o déjelo". No hay nada intrínsecamente incorrecto en confrontar a la otra parte con una opción firme. De hecho, la mayoría de los negocios en Norteamérica se hacen en esa forma. Si usted entra a un supermercado y encuentra una lata de fríjoles con un precio de 80 centavos, no trata de negociar con el administrador del supermercado.

Esta es una manera eficiente de hacer negocios, pero no es negociación. No es una toma de decisiones interactivas. Tampoco es incorrecto después de una larga negociación, concluirla diciendo, "Tómelo o déjelo", excepto que quizá debe decirse con más educación.

Como alternativa al reconocimiento explícito de la táctica de "Tómelo o déjelo" y negociar sobre ella, piense primero en no tenerla en cuenta. Siga hablando como si no lo hubiera oído, o cambie de tema, tal vez presentando una nueva solución. Si menciona la táctica específicamente, dígales lo que pierden si no se logra un acuerdo y busque una manera alterna, quizá un cambio de circunstancias, que les permita salirse de la situación sin quedar mal. Después que la administración anuncia su oferta definitiva, el sindicato puede decir: "Un aumento de $ 1.69 fue la oferta definitiva antes que discutiéramos nuestros esfuerzos en cooperación para aumentar la productividad de la planta"

No sea una víctima

Es difícil con frecuencia decidir qué significa negociar "de buena fe". Las personas trazan la línea en distintos lugares. Puede ser útil preguntarse cosas como las siguientes: ¿Sería éste un enfoque que yo utilizaría con un buen amigo o con un miembro de la familia? ¿Si los periódicos publicaran una narración completa de lo que hice y de lo que dije, me sentiría incómodo? ¿En la literatura, esta conducta sería más apropiada para el héroe o para el villano? Estas preguntas no pretenden hacerlo sensible a la presión externa, sino iluminar sus valores internos. Usted es el único que puede decidir si quiere utilizar tácticas que usted consideraría inapropiadas y de mala fe si se usaran contra usted.

Puede ser útil empezar la negociación diciendo: "Mire, sé que esto puede parecer extraño, pero quiero saber cuáles

son las reglas del juego. ¿Vamos a tratar de llegar a un acuerdo sensato tan rápidamente como sea posible, y con tan poco
esfuerzo como sea posible? ¿O vamos a jugar a la 'negociación dura', en la cual el más terco es el que gana?'' En todo
caso, esté listo a luchar contra tácticas de negociación sucias.
Usted puede ser tan firme como ellos, o más firme. Es más
fácil defender un principio que defender una táctica ilegítima.

IV | Para concluir

| Para concluir

Tres puntos.

Usted ya lo sabía

Probablemente no hay nada en este libro que usted ya no supiera en algún grado de su experiencia. Lo que hemos tratado de hacer es organizar el sentido común y la experiencia de manera que provean un marco de referencia útil para pensar y actuar. Mientras más consistentes sean estas ideas con su conocimiento e intuición, mejor. Cuando le enseñamos este método a abogados hábiles y a hombres de negocios con años de experiencia, nos han dicho: "Ahora sé lo que he estado haciendo, y por qué a veces funciona" y "Sabía que lo que usted estaba diciendo era correcto porque yo ya lo sabía".

Aprenda haciendo

Un libro puede mostrarle una dirección prometedora. Haciéndole tomar en cuenta las ideas y lo que usted está haciendo, puede ayudarle a aprender.

Nadie, sin embargo, excepto usted mismo, puede hacer que usted adquiera habilidad. La lectura del folleto de la Real Fuerza Aérea del Canadá sobre sus ejercicios no logrará que usted adquiera un buen estado físico. El estudio de los libros sobre el tenis, la natación, cómo montar en bicicleta o a caballo, no lo convertirán en un experto. La negociación es lo mismo.

"Ganar"

En 1964 un padre estadounidense y su hijo de doce años estaban disfrutando un hermoso sábado en Hyde Park, en Londres, jugando frisbee. En esa época, pocos en Inglaterra conocían el frisbee, y un pequeño grupo de paseantes se detuvo a observar este extraño deporte. Finalmente, uno de ellos se acercó al padre: "Perdone la molestia. Los he estado observando durante un cuarto de hora. ¿Quién va *ganando*?"

En la mayoría de los casos, preguntarle a un negociador, "¿Quién va ganando?", es tan inapropiado como preguntar quién va ganando en un matrimonio. Si usted hace esta pregunta sobre su matrimonio, ya ha perdido la negociación más importante —la negociación sobre qué clase de juego se va a jugar, sobre cómo van a tratarse entre ustedes y sobre cómo van a resolver los intereses compartidos y diferentes.

Este libro es acerca de cómo "ganar" ese importante juego —cómo lograr un mejor proceso para tratar las diferencias. Para que sea mejor, por supuesto, el proceso debe producir buenos resultados reales; ganar con base en los méritos puede no ser la única meta, pero ciertamente perder no es la respuesta. Tanto la teoría como la experiencia sugieren que el método de la negociación basada en los principios producirá a la larga resultados reales tan buenos o mejores que los que se obtendrían con cualquier otra estrategia de negociación. Además, debe mostrarse como eficiente y como menos costosa para las relaciones humanas. Nosotros nos sentimos cómodos utilizando este método, y esperamos que usted también se sienta cómodo.

Esto no quiere decir que sea fácil cambiar los hábitos, separar las emociones de los méritos, o lograr que otros asuman la tarea de lograr una solución sensata para un problema común. De vez en cuando deberá recordarse a usted mismo que usted está tratando de obtener una mejor manera de negociar —una manera que evite el que usted tenga que escoger entre la satisfacción de obtener lo que merece y poder ser decente. Usted puede lograr ambas cosas.

V | Diez preguntas que hace la gente sobre *Sí... ¡de acuerdo!*

Preguntas sobre justicia y sobre la negociación basada en principios

1. "¿Hay *alguna* circunstancia en la que tenga sentido negociar por una posición?"
2. "¿Qué hacer cuando la otra parte cree en una norma de equidad diferente?"
3. "¿Debo ser justo aunque no necesite serlo?"

Preguntas sobre tratar con la gente

4. "¿Qué debo hacer si el problema *es* la persona?"

5. "¿Debo negociar incluso con terroristas o con alguien como Hitler? ¿Cuándo tiene lógica *no* negociar?"

6. "¿Cómo debo adaptar mi manera de negociar para tomar en consideración las diferencias de personalidad, género, cultura, etc?"

Preguntas sobre tácticas

7. "¿Cómo decidir sobre aspectos como dónde reunirse, quién debe hacer la primera oferta y en qué nivel comenzar?"

8. "Concretamente, ¿cómo pasar de inventar alternativas a contraer compromisos?"

9. "¿Cómo puedo poner en práctica estas ideas sin correr un riesgo demasiado grande?"

Preguntas relacionadas con el poder

10. "¿Realmente puedo emplear mi manera de usar mi forma de negociar para cambiar las cosas cuando la otra parte tiene más poder?" Y "¿Cómo mejorar *mi* poder de negociación?"

Diez preguntas que hace la gente sobre *Sí... ¡de acuerdo!*

Preguntas sobre justicia y sobre la negociación basada en principios

Primera pregunta: "¿Hay *alguna* circunstancia en la que tenga sentido negociar por una posición?"
Negociar por una posición es fácil, de manera que no es sorprendente que sea una manera muy común de proceder. Es algo que no requiere preparación, que todo el mundo comprende (a veces hasta se puede negociar mediante señas si las dos partes no hablan el mismo idioma), y, en algunos contextos, es lo natural y lo esperado. En cambio, buscar detrás de la posición para identificar intereses, inventar opciones de mutuo beneficio y hallar y utilizar criterios objetivos es algo que implica esfuerzo y, cuando el oponente parece recalcitrante, es necesario tener control y madurez.

Prácticamente en todos los casos se obtienen mejores resultados para ambas partes cuando la negociación se hace basándose en principios. La cuestión está en saber si vale la pena hacer ese esfuerzo extra. Las siguientes son algunas preguntas que deben tomarse en consideración:

¿Cuán importante es evitar un resultado arbitrario? Si,

al igual que el constructor del capítulo 5, usted está negociando la profundidad de los cimientos de su casa, no le conviene
discutir por una posición arbitraria, por fácil que sea llegar a
un acuerdo. Incluso si se trata de negociar la compra de una
antigüedad única, caso en el cual es difícil encontrar un patrón
objetivo, no es mala idea explorar los intereses del vendedor
y buscar alternativas creativas. Aun así, al considerar un
enfoque de negociación conviene pensar hasta qué punto está
uno interesado en hallar una respuesta que tenga sentido con
respecto a los méritos del caso. Hay mucho más en juego
cuando se trata de los cimientos para un edificio de oficinas
que para un cuarto de herramientas. Y la negociación será
todavía más importante si sienta un precedente para el futuro.

¿Cuán complejos son los asuntos? Cuanto más complejo
sea el asunto de la negociación, menos conveniente es negociar por una posición. Un problema complejo exige un análisis
cuidadoso de los intereses que son comunes o que pueden
conciliarse con creatividad, y después una tempestad de ideas.
Esto será tanto más fácil cuanto las partes crean que están
solucionando el problema conjuntamente.

**¿Cuán importante es mantener una buena relación de
trabajo?** Si la otra parte es un cliente valioso, conservar la
relación quizás sea más importante para usted que el resultado
de cualquier negocio. Eso no significa que usted deba insistir
menos en proteger sus intereses, pero sí que evite tácticas que,
como la amenaza o el ultimátum, impliquen un gran riesgo de
estropear la relación. Negociar sobre los méritos del caso
ayuda a no tener que escoger entre ceder o enfurecer a la otra
parte.

En las negociaciones entre extraños, en las cuales el problema es uno solo, los costos de explorar los intereses son
altos y cada parte está protegida por oportunidades compe-
titivas, está bien negociar por la posición. Pero si la discusión
da señales de estancamiento, es preciso que usted se prepare
para cambiar de táctica. Comience a aclarar los intereses subyacentes.

También debe pensar en el efecto que esta negociación ejercerá en sus relaciones con los demás. ¿Puede esta negociación afectar su reputación como negociador y, por ende, la forma en que los demás enfoquen las negociaciones con usted? Si así es, ¿qué efecto le gustaría a usted que produjera?

¿Cuáles son las aspiraciones de la otra parte y cuán difícil será modificarlas? En muchas situaciones obreropatronales y en otros contextos hay una larga historia de lucha por una posición que es casi un ritual. Cada parte ve en la otra al "enemigo" y considera la situación como un empate sin beneficios para nadie y hace caso omiso del enorme costo que tienen para ambas partes las huelgas, el cierre de la empresa y el resentimiento. En este tipo de situaciones no es fácil establecer una atmósfera de colaboración para solucionar los problemas, aunque sea más importante para ambas. Incluso las partes que desean cambiar, muchas veces no pueden modificar con facilidad sus viejos hábitos: escuchar en lugar de atacar, proponer ideas en lugar de discutir, y explorar los intereses antes de contraer un compromiso. Cuando las partes se atrincheran en posiciones antagónicas parecen perder toda capacidad para considerar otras salidas hasta que están a punto de aniquilarse mutuamente, y muchas ni siquiera logran reaccionar entonces. En ese tipo de situaciones conviene establecer un período de tiempo razonable para cambiar, el cual puede abarcar varias negociaciones completas. General Motors y su sindicato, United Auto Workers, tuvieron que negociar cuatro convenciones colectivas antes de poder cambiar la estructura fundamental de sus negociaciones, y todavía hay personas de cada lado que no están satisfechas con el nuevo sistema.

¿En qué punto de la negociación se encuentra usted? Cuando se negocia por una posición es difícil identificar las ventajas comunes. En muchas negociaciones las partes terminan con un resultado que "deja mucho oro en la mesa''. La negociación por una posición es menos nociva cuando se produce *después* de identificar los intereses de cada parte, de

inventar alternativas de mutuo beneficio y de discutir las
normas pertinentes de justicia.

Segunda pregunta: "¿Qué hacer cuando la otra parte cree en una norma de justicia diferente?"

En la mayoría de las negociaciones no existe una respuesta
"correcta" o "justa"; la gente propone distintas normas para
juzgar la equidad de una solución. Sin embargo, el hecho de
recurrir a normas externas facilita las discusiones, por tres
razones: Un resultado basado en las prácticas de la comunidad
y en unas normas de justicia — aunque sean antagónicas —
es más sabio que cualquier resultado arbitrario. Al basarse en
normas se reducen los costos de tener que "ceder" — es más
fácil comprometerse a cumplir un principio o una norma
independiente que ceder a la posición inflexible de la otra
parte. Y, por último, a diferencia de las posiciones arbitrarias,
algunas normas son más persuasivas que otras.

Por ejemplo, en una negociación salarial entre un abogado
joven y una firma de abogados de Wall Street, sería absurdo
que la parte contratante dijera: "Supongo que usted no cree
que sabe más que yo, de manera que le ofreceremos el mismo
sueldo que yo recibía cuando comencé hace cuarenta años —
$4 000 dólares". El abogado joven hablaría del efecto de la
inflación durante ese período y propondría utilizar la escala
salarial actual. Si el socio contratante propusiera usar los
salarios actuales que ganan los abogados en Dayton o Des
Moines, el abogado joven diría que el salario promedio de los
abogados jóvenes en otras firmas prestigiosas de Manhattan
sería una norma más apropiada.

Por lo general, unas normas son más convincentes que
otras porque van más directamente al asunto, son más comúnmente aceptadas o son más aplicables en cuanto a tiempo,
lugar y circunstancias.

**No es necesario llegar a un acuerdo sobre "la mejor"
norma.** Las diferencias acerca de valores, cultura, experiencia

y opinión bien pueden llevar a las partes a estar en desacuerdo sobre los méritos relativos de las distintas normas. Si fuera necesario llegar a un acuerdo sobre "la mejor" norma, sería imposible concluir una negociación. Pero no es necesario coincidir acerca de las normas; éstas son apenas un mecanismo para ayudar a las partes a lograr un acuerdo, que para ambas es mejor que no llegar a ningún acuerdo. El hecho de recurrir a normas externas suele ayudar a reducir el margen de desacuerdo y a ampliar el espacio para un posible convenio. Cuando las normas se refinan hasta tal punto que es difícil argumentar de manera persuasiva que una norma es más aplicable que otra, las partes pueden explorar la posibilidad de hacer concesiones mutuas, o de recurrir a procedimientos justos para resolver las diferencias restantes. Pueden decidirlo con una moneda a cara o cruz, buscar un árbitro o incluso partir la diferencia.

Tercera pregunta: "¿Debo ser justo aunque no necesite serlo?"

Este libro no es un sermón sobre la moral, sobre el bien y el mal, sino un compendio de sugerencias para salir bien librado de una negociación. No sugerimos que usted deba obrar bien por amor al bien (aunque no decimos lo contrario)[*]. Tampoco sugerimos que deba ceder al primer ofrecimiento

---

[*] Creemos que además de ser un buen método general para conseguir lo que se busca en una negociación, negociar sobre la base de unos principios puede hacer del mundo un mejor lugar para vivir. Promueve el entendimiento entre los seres humanos, trátese de padres e hijos, de empleados y gerentes, o de árabes e israelíes. Concentrarse en los intereses y en las alternativas creativas produce mayor satisfacción y reduce al mínimo el desperdicio. Basarse en normas de equidad y buscar la manera de satisfacer los intereses de *ambas* partes lleva a acuerdos más estables, establece precedentes sanos y constituye la base de unas relaciones duraderas. Cuanto más se generalice el enfoque de solucionar los problemas cuando se trata de resolver las diferencias entre los individuos y entre las naciones, menores serán los costos del conflicto. Y además de esos beneficios sociales, esta manera de negociar favorece los intereses y la justicia, a la vez que produce una satisfacción personal.

que pudiera considerarse equitativo. Tampoco sugerimos que nunca pida más de lo que un juez o un jurado pudieran considerar justo. Sólo sostenemos que recurrir a normas independientes para juzgar la equidad de una propuesta es una idea que le servirá para conseguir lo que merece y para protegerse de los abusos.

Si usted aspira a obtener más de lo que puede justificar como equitativo y se da cuenta de que cada vez se sale con la suya, es probable que no encuentre muy útiles algunas de las sugerencias de este libro. Sin embargo, habitualmente la mayoría de los negociadores temen obtener *menos* de lo que deberían en una negociación, o dañar la relación si insisten firmemente en conseguir lo que merecen. Las ideas de este libro tienen por objeto mostrarle cómo obtener aquello a lo cual tiene derecho y mantener a la vez sus buenas relaciones con la otra parte.

No obstante, habrá ocasiones en que usted podrá obtener más de lo que considera justo. ¿Debe tomarlo? En nuestra opinión, no debe hacerlo sin antes reflexionar a fondo. Hay algo más en juego que la simple oportunidad de definir su propia moral (para ello quizá sea también necesaria una reflexión a fondo, pero no es nuestro propósito darle consejos al respecto). Frente a la oportunidad de conseguir más de lo que considera justo, usted debe pesar los posibles beneficios contra el costo potencial de aceptar esa buena suerte con la cual no contaba:

¿Cuánto representa la diferencia para usted? ¿Cuál es el máximo que usted podría justificar como equitativo? ¿Cuán importante es para usted ese algo de más? Compare este beneficio con el riesgo de contraer algunos de los costos que se describen a continuación y luego trate de buscar otras alternativas mejores (por ejemplo, estructurar la transacción propuesta de manera que la otra parte considere que le está haciendo a usted un favor y no que ella es víctima de un robo).

También sería muy útil considerar hasta qué punto usted está seguro de esos posibles beneficios. ¿Podría haber pasado algo por alto? ¿Realmente están tan ciegos los de la otra parte? Muchos negociadores exageran al suponer que son más astutos que su oponente.

¿Será duradero ese resultado injusto? Si más adelante la otra parte se da cuenta de que el convenio es injusto, es probable que rehúse cumplirlo. ¿Cuánto costaría tratar de hacer cumplir el convenio o cambiarlo? Es probable que los tribunales se nieguen a imponer el cumplimiento de un acuerdo que, en conciencia, no es correcto.

También debe usted pensar en cuál fase de la negociación se encuentra. De nada sirve un acuerdo tentativo en extremo favorable para usted si la otra parte abre los ojos a tiempo y lo rechaza antes de que se concrete. Y si, a causa del incidente, la otra parte llega a la conclusión de que usted no es una persona digna de fiar y sólo desea aprovecharse, quizás su castigo sea mucho mayor que perder una simple cláusula del convenio.

¿Cuál podría ser el daño que un resultado injusto les causaría a esta relación o a otras relaciones? ¿Cuál es la probabilidad de que usted tenga que negociar con esa misma persona en el futuro? Si existe esa probabilidad, ¿qué riesgo correría usted en caso de que los otros quisiera desquitarse? ¿Y qué pasaría con su reputación frente a los demás, en particular con su reputación de jugador honesto? ¿Sería tan adverso ese efecto que no podría compensarlo con esta ganancia inmediata?

La reputación de ser negociador justo puede ser un recurso sumamente valioso. Abre toda una gama de posibilidades para llegar a convenios creativos que serían imposibles sin la confianza de los demás. Esa reputación es mucho más fácil de destruir que de construir.

¿Lo dejará en paz su conciencia? ¿Es probable que más tarde usted lamente haber hecho el convenio, considerando que abusó de la otra parte. Piense en el turista que le compró una hermosa alfombra de Cachemira a una familia que trabajó durante todo un año para fabricarla. Creyéndose muy listo, ofreció pagar en marcos alemanes, y luego pagó con billetes sin ningún valor del período inflacionario de Weimar, anterior a la Segunda Guerra Mundial. Sólo cuando contó la historia, habiendo regresado a su país, y vio el disgusto de sus amigos, comenzó a pensar en el mal que le había causado a esa familia. Con el tiempo, el solo hecho de mirar la bellísima alfombra le revolvía el estómago. Como ese turista, muchas personas saben que hay cosas más importantes en la vida que el dinero o "salirse con la suya".

Preguntas sobre cómo tratar con la gente

Cuarta pregunta: "¿Qué debo hacer si el problema *es* la persona?"
Para algunas personas, el consejo de "separar el problema de la persona" significa esconder el problema debajo de la alfombra. Debemos decir enfáticamente que eso *no* es lo que queremos decir. Los problemas de tipo personal a menudo requieren más atención que el tema de la negociación. La propensión de los seres humanos a reaccionar en forma defensiva es una de las razones por las cuales fallan muchas negociaciones que podrían llegar a feliz término mediante un acuerdo. En la negociación, hacer caso omiso de los asuntos relacionados con la persona — la manera de tratar al otro — es un riesgo grande. Nuestro consejo es el mismo, bien sea el problema de la persona sólo un aspecto de la negociación, o bien sea el punto central de ésta:

Desarrollar una relación de trabajo sin tomar en cuenta que haya acuerdo o desacuerdo. Cuanto más serio sea el desacuerdo, es más importante que usted pueda manejarlo bien. Una buena relación de trabajo es la que permite manejar las diferencias; no se la puede comprar mediante concesiones sustanciales o pretendiendo que no hay desacuerdos. La experiencia indica que el apaciguamiento no siempre funciona. Una concesión injustificada ahora no necesariamente allanará el camino para resolver las diferencias futuras. Quizás usted crea que la próxima vez será la otra parte la que haga la concesión; los otros probablemente pensarán que si son inflexibles, usted volverá a ceder. (El hecho de que Neville Chamberlain aceptara que Alemania ocupara las Sudetes y el hecho de no haber respondido militarmente a la invasión de toda Checoslovaquia por las tropas de Hitler probablemente alentaron a los nazis a creer que la invasión de Polonia tampoco desataría una guerra.)

Tampoco conviene poner en peligro la relación al tratar de coaccionar a la otra parte para que haga una concesión. ("Si usted realmente me aprecia, debe ceder". "A menos que acepte lo que digo, esta relación se acaba".) Aunque este ardid sirva transitoriamente para obtener una concesión, no cabe duda de que será nocivo para la relación. Les dificultará las cosas a ambas partes cuando traten de resolver otras diferencias en el futuro.

Por el contrario, los asuntos sustantivos es necesario desenredarlos de los asuntos de la relación y del proceso. El contenido de un posible acuerdo es necesario separarlo de las cuestiones acerca de cómo tratarlo y de cómo tratar con la otra parte. Es necesario negociar cada conjunto de asuntos de acuerdo con la importancia de cada uno de ellos. La siguiente lista ilustra la diferencia:

Asuntos sustantivos

- Plazos
- Condiciones
- Precios
- Fechas
- Cifras
- Obligaciones

Asuntos atinentes a la relación
- Equilibrio entre la emoción y la razón
- Facilidad de comunicación
- Grado de confianza y confiabilidad
- Actitud de aceptación (o rechazo)
- Énfasis relativo en la persuasión (o la coacción)
- Grado de comprensión mutua

La gente suele creer que el buen resultado de la negociación y una buena relación son cosas intercambiables. Nosotros no lo creemos. Una buena relación de trabajo facilita el buen resultado de la negociación (para ambas partes). El buen resultado de la negociación tiende a mejorar todavía más la relación.

Algunas veces puede haber buenas razones para llegar a un acuerdo, aunque usted crea que no debe ser así por motivos de justicia. Por ejemplo, si ustedes ya tienen una excelente relación de trabajo, bien podría usted ceder sobre un punto, con la confianza de que en el futuro la otra persona reconocerá que "le debe una" y le devolverá el favor. O podría decidir que hay uno o dos puntos sobre los cuales no vale la pena pelear, tomando en cuenta todos los factores. Lo que queremos decir es que nunca debe ceder pensado que así mejorará su relación.

Negociar la relación. Si a pesar de sus esfuerzos por establecer una relación de trabajo y por negociar las diferencias sustanciales, de acuerdo con la importancia de cada una de ellas, los problemas personales siguen bloqueando las negociaciones, negocie las diferencias — de acuerdo con la importancia de cada una de ellas. Ponga sobre la mesa el tema del comportamiento de la otra parte, y hable de éste como hablaría de una diferencia sustancial. Evite juzgar o impugnar las motivaciones de la otra parte. Limítese a explicar lo que siente y percibe y pregunte qué es lo que siente y percibe ella. Proponga utilizar unas normas externas o unos principios justos para determinar el trato mutuo, y no ceda ante las presiones. Oriente su discusión hacia el futuro y no hacia el pasado, y proceda suponiendo que no está en el ánimo de sus oponentes producir todas las consecuencias que usted experimenta y que ellos podrán cambiar la manera de proceder si ven la necesidad de hacerlo.

Como siempre en una negociación, usted deberá tener una idea clara de su MAAN. En algunos casos, su oponente podría tomar consciencia de que los intereses de usted son un problema *de ambos*, pero solamente se daría cuenta de que el MAAN de usted, en caso de no llegar a una solución satisfactoria para usted, es algo que no le conviene mucho a él.

Establezca la diferencia entre la manera de tratar usted a su oponente y la manera de tratarlo él a usted. No hay necesidad de imitar el comportamiento negativo. Con ello podría "darle una lección" al otro, aunque no siempre el tipo de lección que desearíamos. Casi siempre, pagando en la misma moneda reforzamos el comportamiento que nos desagrada. Esa actitud lleva al oponente a pensar que todo el mundo se comporta de esa manera y que es el único medio de protegerse. Debemos diseñar nuestro comportamiento para que sirva de modelo y estimule el comportamiento que preferiríamos y para evitar cualquier recompensa por el comportamiento que nos disgusta, ambas cosas sin poner en peligro nuestros intereses sustanciales.

Trate razonablemente lo que le parezca irrazonable. Buena parte — si no la mayor parte — del comportamiento de la gente no es muy razonable. Como dijimos en el capítulo 2, los negociadores son ante todo seres humanos. A veces actúan impulsivamente o reaccionan sin pensar, en particular cuando se dejan llevar por la ira, el temor o la frustración. Y todos conocemos personas que parecen ser sencillamente irrazonables no importa cuál sea la situación. ¿Cómo manejar ese comportamiento?

En primer lugar, dése cuenta de esto: Aunque muchas veces la gente no negocia en forma razonable, es conveniente que al menos usted trate de ser razonable. A nadie le gustaría que los médicos de los hospitales mentales fueran psicópatas. De la misma manera, cuando usted trate de enfrentar el comportamiento absurdo del oponente en una negociación, debe ser lo más positivo posible.

En segundo lugar, piense si tiene razón al suponer que los demás están actuando de manera ilógica. Es probable que ellos vean la situación de otra manera. En la mayoría de los conflictos, ambas partes consideran que son razonables diciendo "no" a lo que los otros están exigiendo. Es probable que consideren que la posición inicial de usted no es justificable de acuerdo con el valor; es probable que valoren las cosas de manera diferente; o podría haber una falla en la comunicación.

A veces la gente tiene puntos de vista que para muchos de nosotros son "irrazonables" desde un punto de vista objetivo. Un ejemplo son las personas a quienes les da miedo viajar en avión. Pero en su interior estas personas reaccionan de manera razonable según su manera de *percibir* el mundo. En algún plano creen que *ese* avión, se va a caer. Si nosotros creyéramos eso, tampoco volaríamos. El sesgo está en la percepción, no en la reacción frente a esa percepción. Ni diciéndoles a esas personas que están equivocadas (citando todos los estudios científicos del caso), ni castigándolas por lo que creen hay probabilidad de que cambien. Pero si uno muestra interés en lo que sienten y toma esos sentimientos en serio para tratar de encontrar el origen de su razonamiento, algunas veces puede lograr un cambio. Trabajando conjuntamente con esas personas podría uno encontrar un vacío lógico, una percepción equivocada de los hechos o un trauma anterior que, una vez sacado a la luz, puede ser analizado y modificado por la persona misma. Se trata básicamente de buscar los intereses psicológicos que están en el fondo de la posición del oponente, a fin de ayudarlo a encontrar una manera de satisfacer mejor sus propios intereses.

Quinta pregunta: "¿Debo negociar incluso con terroristas o con alguien como Hitler? ¿Cuándo tiene lógica no negociar?"

Por desagradable que sea la otra parte, a menos de que usted tenga un MAAN, el dilema no es si debe negociar, sino *cómo*.

¿Negociar con terroristas? Realmente sí, en el sentido de que usted trata de influir en las decisiones de los terroristas — y ellos tratan de influir en las de usted—; usted está negociando, aunque no hable con ellos. La pregunta es si se debe hacer eso estableciendo una distancia mediante las actuaciones y las palabras (tales como "¡Jamás negociaremos con terroristas!") o procediendo de manera más directa. En general, cuanto mejor sea la comunicación, mayores serán las posibilidades de ejercer una influencia. Si hay alguna posibilidad de resolver las cuestiones de seguridad personal, tiene sentido establecer un diálogo con los terroristas, aunque tengan rehenes en su poder o amenacen con cometer algún acto de violencia. Si usted tiene argumentos contundentes, es más probable que usted influya en ellos, y no ellos en usted. (Los mismos argumentos son válidos para tratar con los "terroristas" de las negociaciones que se distinguen por sus tretas sucias.)

Negociar no significa ceder. Son muy altos los costos del rescate y del chantaje. El pago del secuestro estimula el secuestro. Por medio de la comunicación se podría convencer a los terroristas (y a los posibles futuros terroristas) de que no se les pagará ningún rescate. Quizá también se podrían conocer algunos de los intereses legítimos de ellos y lograr un arreglo en que ninguna de las dos partes se considere vencida.

Con la ayuda de mediadores argelinos, los Estados Unidos e Irán pudieron negociar la liberación, en enero de 1981, de los diplomáticos estadounidenses que hacía más de un año permanecían retenidos en la embajada de los Estados Unidos en Teherán. La base del arreglo fue que *ninguna de las dos partes recibiría más de lo que le correspondía:* Los rehenes serían liberados; Irán pagaría sus deudas; una vez arregladas esas cuentas, el saldo de los fondos confiscados por Estados Unidos le sería devuelto a Irán; los Estados Unidos reconocerían al gobierno de Irán y no interferirían en sus asuntos internos; etc. Habría sido difícil, si no imposible, llegar a un arreglo sin una negociación. Y a pesar de la ilegalidad manifiesta de la toma de la embajada, ambas partes se beneficiaron con las negociaciones que finalmente tuvieron lugar en el otoño de 1980.

Hay quienes dicen que los funcionarios oficiales deben negarse a hablar con los terroristas políticos porque hacerlo es conferirle status a una acción ilegal y recompensarla. Es cierto que al reunirse un alto funcionario con terroristas bien podría parecer que aumenta la importancia de éstos hasta tal punto que esto pesa más que la ganancia potencial. Pero el contacto a nivel profesional es muy distinto. Los negociadores de la policía urbana han aprendido que el diálogo personal directo con los delincuentes que han tomado rehenes suele terminar en la liberación de los inocentes y la captura de los delincuentes.

En 1988, durante el secuestro del avión 422 de Kuwait Airways, hubo negociaciones extensas con los secuestradores, pero sobre asuntos cada vez menos importantes. Al principio, el gobierno de Kuwait se negó de plano a liberar a los Chiítas acusados de actos terroristas que permanecían encarcelados en Kuwait, y en ningún momento se retractaron de ese principio fundamental. Pero las autoridades locales de Chipre y Argelia negociaron sin cesar sobre cosas como permiso para el aterrizaje del avión, solicitud de combustible adicional, acceso a los medios de comunicación y entrega de comida. Por cada transacción las autoridades lograron que se liberara gradualmente a los rehenes. Al mismo tiempo, apelaron — como musulmanes — a los ideales islámicos de la misericordia y a la admonición del profeta Mahoma contra la toma de rehenes. Con el tiempo fueron liberados todos los rehenes. A los secuestradores se les permitió salir de Argelia, pero no cabe duda de que la vergüenza de no haber podido lograr ninguno de los objetivos anunciados a pesar del prolongado episodio contribuyó a que se redujera el número de incidentes de ese tipo.

¿Negociar con alguien como Hitler? Todo depende de la alternativa. Hay intereses por los cuales vale la pena luchar e incluso morir. Para muchos de nosotros, liberar del fascismo al mundo, contrarrestar las agresiones territoriales y poner fin al genocidio son intereses que forman parte de esa categoría. Cuando esos intereses están en juego, y no pueden alcanzarse por otros medios menos costosos, es necesario disponerse a luchar si eso ayuda o — como dirían algunos — aunque a veces no sirva de nada.

Por otra parte, la guerra es un negocio sucio al que se ha rodeado a veces de un aura de romanticismo. Si uno puede lograr buena parte de sus intereses sin tener que recurrir a la violencia, debe considerar muy seriamente esa alternativa. Son pocas las guerras tan unilaterales como fue la liberación de Kuwait por los Estados Unidos. Incluso en ese caso, el retiro negociado de las tropas iraquíes habría evitado los incendios de los yacimientos petrolíferos de Kuwait, el daño ambiental en el Golfo Pérsico y el enorme sufrimiento humano causado por la guerra.

Más importante aún es que no se puede garantizar que los resultados de la guerra son mejores que los de otros medios. Como primer ministro de la Unión Soviética, Joseph Stalin fue tan detestable para el mundo como el mismo Hitler. Cometió agresiones territoriales y genocidios y promovió una ideología centralizada en el Estado que, en la práctica, se asemejaba mucho al nazismo. Pero en la era de las bombas de hidrógeno, conquistar a la Unión Soviética como los Aliados habían conquistado a Alemania ya no era una opción viable. Y los principios que estaban en juego tampoco parecían justificar la aniquilación mutua. El Occidente prefirió esperar, paciente y firme en su oposición moral contra el comunismo soviético, hasta que éste comenzó a desmoronarse por sí solo.

Incluso con personas como Hitler o Stalin debemos negociar si en la negociación está la promesa de conseguir un
resultado que, considerando todas las cosas, satisfaga nuestros
intereses de manera más favorable que nuestro MAAN.
Cuando hay una guerra, en muchos casos es una jugada más
dentro de una negociación. La violencia tiene por objeto
modificar el MAAN del oponente o su manera de verla, a fin
de que esté más dispuesto a aceptar nuestras condiciones de
paz. En esos casos es vital pensar en una negociación para no
dejar de formular y comunicar nuestra oferta de una manera
que pueda ser lo suficientemente persuasiva para la parte
contraria.

**¿Negociar cuando las personas actúan por convicción
religiosa?** Sí. Aunque es poco probable que las convicciones
religiosas de una persona se puedan modificar mediante la
negociación; sus actos, incluso los que se derivan de sus
convicciones, *sí* se pueden modificar. Eso fue lo que sucedió
con el secuestro del avión de Kuwait Airways. Un punto
fundamental que vale la pena reiterar es que el hecho de
negociar no equivale a traicionar los principios. En muchas
ocasiones es más fácil tener éxito mediante una solución que
pueda considerarse consecuente con los principios de cada
parte.

Hay muchas situaciones que sólo parecen ser conflictos
"religiosos". El conflicto entre los protestantes y los católicos
en Irlanda del Norte, al igual que el conflicto entre los
cristianos y los musulmanes en el Líbano, no es religioso. En
ambos casos, la religión es un pretexto perfecto para separar
a un grupo de otro. La separación es cada vez mayor porque
se utiliza para decidir dónde deben vivir y trabajar las personas, quiénes son sus amigos, y por quién deben votar. En
casos como éstos, la negociación es muy deseable porque abre
una posibilidad para llegar a soluciones pragmáticas de interés
para ambos grupos.

¿Cuándo tiene lógica *no* negociar? Saber si tiene sentido
negociar y cuánto esfuerzo debe usted invertir en la negocia-

ción depende de cuán satisfactorio es su MAAN y de cuántas probabilidades tiene la negociación de producir mejores resultados, en su concepto. Si su MAAN es bueno pero la negociación no parece muy prometedora, no hay razón para invertir en ella mucho tiempo. Por otra parte, si su MAAN es pésimo, debe dedicar un poco más de tiempo — aunque la negociación no se vea muy prometedora — para ver si puede conseguir algo más satisfactorio.

Para hacer este análisis es preciso haber reflexionado cuidadosamente acerca de su MAAN y del de su oponente. No cometa nunca el error del banco que insistía en negociar con una compañía de energía declarada en quiebra. Legalmente, el banco tenía el derecho de quedarse con la totalidad de la compañía, pero el juez asignado al caso dijo que deseaba un acuerdo negociado. El banco ofreció quedarse con el 51% de las acciones y reducir los intereses sobre el préstamo, pero la compañía (que pertenecía a la gerencia) no cedió ni un ápice. El banco, en medio de su frustración, pasó meses tratando de que la compañía mostrara algún interés en negociar. Como era de esperarse, la compañía se negó — porque su MAAN era limitarse a esperar que los precios del petróleo subieran. Cuando eso sucediera podrían reembolsar el préstamo y quedarse con el ciento por ciento de la compañía. El banco no vio con claridad ni su propio MAAN ni el de la compañía. El banco debía haber negociado con *el juez*, explicándole que la situación era injusta y apelable. Pero creyó equivocadamente que su única salida era negociar con la compañía.

Los gobiernos cometen a menudo el error de suponer que su MAAN es muy superior al que en realidad tienen — por ejemplo cuando dan a entender que si los medios "políticos" y "económicos" fallan en una determinada situación siempre está la "salida militar". No siempre hay una opción militar viable. (Tomemos el ejemplo de muchas situaciones de rehenes en las cuales no hay alternativa militar realista que garantice el rescate de los rehenes indemnes. Los asaltos como el de las fuerzas israelíes en el aeropuerto de Uganda en

Entebe — aeropuerto diseñado y construido por ingenieros israelíes — son excepcionales, y cada vez son más difíciles porque los terroristas se adaptan a las nuevas tácticas.) Tener o no tener una alternativa que nos ayude a conseguir lo que deseamos depende de la situación: ¿Es posible lograr el objetivo sólo mediante nuestros propios esfuerzos, o alguien de la otra parte tendrá que tomar una decisión? Si lo segundo es cierto, entonces ¿en quién debemos tratar de influir, qué decisión deseamos y, en qué forma — si hay alguna — podría la fuerza militar influir en esa decisión?

No dé usted por sentado que tiene un MAAN mejor que negociar, o que no lo tiene. Estudie a fondo su alternativa, y luego decida si es razonable negociar o no negociar.

Sexta pregunta: "¿Cómo debo adaptar mi manera de negociar para tomar en consideración las diferencias de personalidad, género, cultura y otras?"

Todas las personas se parecen de una manera o de otra. Todos deseamos ser amados, contar con el respeto de los demás y de nosotros mismos y que no abusen de nosotros los demás. En otras cosas las personas — incluso quienes tienen antecedentes semejantes — son muy distintas. Unas son extrovertidas, y otras son tímidas; unas son locuaces y lógicas, y otras son más físicas y emotivas; unas son francotas, y otras son indirectas y diplomáticas; unas gozan con el conflicto mientras que otras harían hasta lo imposible por evitarlo. En una negociación, las distintas personas tienen distintos intereses y estilos de comunicación. Su manera de razonar y de tomar decisiones es diferente. ¿Cómo acomodar, entonces, esas semejanzas y diferencias al negociar? He aquí algunas sugerencias:

Sintonizarse con la otra parte. En toda negociación conviene ser sensible a los valores, a las percepciones, a las preocupaciones, a las normas de comportamiento y al estado de ánimo de las personas con quienes estamos tratando. Por consiguiente, adapte su conducta a la situación. Cuando usted negocia con alguien, su propósito es producir un efecto en esa persona. Cuanto más exitosamente pueda usted sintonizarse con la manera de pensar de esa persona, mayores probabilidades tendrá de llegar a un acuerdo. Algunos factores que pueden cambiar completamente la negociación son los siguientes:

- Ritmo: ¿Lento o rápido?
- Formalidad: ¿Mucha o poca?
- Proximidad física al hablar: ¿Mucha o poca?
- Acuerdos verbales o escritos: ¿Cuáles son más obligatorios y más completos?
- Franqueza en la comunicación: ¿Directa o indirecta?
- Tiempo: ¿Corto plazo o largo plazo?
- Alcance de la relación: ¿Solamente de negocios o total?
- El sitio para hacer negocios: ¿Privado o público?
- Personas que deben negociar: ¿Del mismo nivel o las más competentes para esa labor?
- Rigidez de los compromisos: ¿Escritos en piedra o flexibles?

Adapte estos consejos a la situación específica. En este libro ofrecemos unos consejos generales que no se pueden aplicar de igual manera en todas las circunstancias y con todas las personas. Sin embargo, los principios esenciales son aplicables en la generalidad de los casos. Si no hay una razón ineludible para obrar de otra manera, elabore su oferta para cada negociación alrededor de esos principios básicos. La mejor manera de *ponerlos en práctica* dependerá del contexto específico. Piense dónde se encuentra usted, con quién está tratando, cuáles son las costumbres de la industria, su experiencia pasada con el negociador, para así diseñar un enfoque que se acomode a la situación.

Preste atención a las costumbres y a la manera de pensar, pero evite hacer estereotipos de los individuos. Los distintos grupos y lugares tienen costumbres y creencias diferentes. Conózcalas y respételas, y cuídese de dar por sentado algo acerca de las personas.

Las actitudes, los intereses y otras características de una persona muchas veces son muy distintos de los del grupo al cual pertenece. Por ejemplo, los japoneses "como grupo" prefieren los métodos indirectos de comunicación y negociación pero, tomados individualmente, se encuentra uno con toda la gama de estilos de negociación. Un ministro importante del gobierno japonés es famoso por su manera impetuosa de negociar "al estilo americano" — la cual tampoco es típica de todos los norteamericanos. Hay estudios que indican que las mujeres, a diferencia de los hombres, tienden a obtener la información de manera más abierta y menos estructurada, a ser más sensibles a la parte humana y a obrar de acuerdo con un código moral basado más en el interés y en la obligación para con los demás que en las reglas y en los derechos individuales. Sin embargo, esos mismos estudios indican que son muchas las personas de ambos sexos que se apartan de las tendencias típicas de su sexo*.

Dar por sentado algo acerca de una persona en razón de las características del grupo al cual pertenece, además de constituir una ofensa, es un verdadero peligro. Es negar la individualidad de esa persona. Ninguno de nosotros da por hecho que *nuestras* creencias y costumbres nos hayan sido impuestas por los grupos en los cuales encajamos, y suponer eso de otras personas es sencillamente degradante. En cada uno de nosotros influyen miles de cosas relacionadas con el entorno, la formación, la cultura y la identidad de grupo, pero no de manera individualmente predecible.

Cuestione sus suposiciones a priori; escuche activamente. No importa lo que suponga a priori de los demás — que son como usted o que son completamente diferentes — cuestione esa suposición. Esté dispuesto a aceptar que pueden

---

*Véase, como punto de partida, a Carol Gilligan, *In a Different Voice* (Harvard University Press, 1982).

ser muy distintos de lo que usted pensaba. Las grandes variaciones que se presentan dentro de una misma cultura son un indicio de la clase de diferencias que debe esperar. Y recuerde que todos tenemos intereses y cualidades especiales que no encajan en ningún molde.

Preguntas sobre tácticas

Séptima pregunta: "¿Cómo decidir sobre aspectos tales como dónde reunirse, quién debe hacer la primera oferta y con qué cifra comenzar?"

Para que un médico pueda saber qué medicamentos formular y cuáles alimentos prohibir, primero debe conocer los síntomas del paciente y diagnosticar las posibles causas. Sólo entonces puede desarrollar una estrategia general para restaurar la salud de su paciente. Lo mismo les sucede a los expertos en negociaciones. No existe una panacea patentada. Para dar un buen consejo táctico es preciso conocer cada una de las circunstancias.

Tomemos tres ejemplos concretos para ilustrar este punto:

¿Dónde debe ser la reunión? ¿Qué es lo que nos preocupa? Si ambas partes de la negociación deben atender a muchas cosas y estar sujetas a constantes interrupciones, recluirse en un sitio apartado puede ser lo más importante. Si la otra persona se muestra insegura o necesita el apoyo de su personal, quizás sea mejor reunirse en la oficina de ella. También convendría reunirse en la oficina de la otra parte si uno desea la libertad de abandonar la mesa de negociaciones en cualquier momento. ¿Usted cree que debe haber diagramas, archivos o técnicos expertos a los cuales pueda consultar durante las negociaciones? Si desea utilizar diagramas, un tablero de papeles o un proyector de diapositivas, busque una sala de conferencias que tenga esos implementos.

¿Quién debe hacer la primera oferta? Es un error suponer que hacer una oferta es siempre la mejor manera de poner sobre la mesa una cifra. Por lo general, es mejor explorar los intereses, las opciones y los criterios antes de hacer una oferta. Si se hace la oferta demasiado rápido, la otra persona se siente constreñida. Una vez que ambas partes hayan entendido el problema, es más probable que se acepte, como paso constructivo, una oferta que se haga intentando reconciliar los intereses y las normas establecidas.

Que usted haga una oferta o que no la haga, trate de "anclar" la discusión desde un principio alrededor de un enfoque o de una norma favorable para usted. Por otra parte, si usted está mal preparado y no tiene idea de lo que puede ser razonable, probablemente estará renuente a proponer una idea o hacer una oferta, con la esperanza de que la otra persona dé el primer paso y haga una oferta generosa. Pero tenga cuidado. Es sumamente arriesgado medir el valor de un elemento de la negociación basándose en la primera oferta o cifra que proponga la otra parte. Si usted sabe muy poco acerca del valor de un elemento, investigue más antes de iniciar las negociaciones.

Cuanto mejor preparadas estén ambas partes con respecto al precio, menos importa quién da el primer paso. En lugar de aprender las reglas sobre quién debe hacer la primera oferta, es mejor aprender la regla de prepararse bien conociendo los valores.

¿En qué nivel debo comenzar? Muchas personas tienden a medir el éxito por la cantidad de terreno que cede el otro. Aunque la primera cifra sea la mención totalmente arbitraria de un "precio de lista" o un "valor al por menor", los compradores generalmente se sienten felices de obtener algo por menos. Pero eso sucede porque desconocen el mercado. No saben cuánto valdría su mejor alternativa, de manera que se contentan con pagar menos de lo que les pidieron como primer "precio de oferta".

En esas circunstancias, si usted está vendiendo, comience con la cifra más alta que pueda justificar sin sentir vergüenza.

Otra forma es comenzar con la cifra más alta que pudiera presentarle como justa a un tercero neutral. Antes de proponer la cifra, explique sus razones. (Si antes oyen una cifra que no les gusta, quizás no le presten atención al razonamiento.)

No es necesario presentar la cifra como una propuesta definitiva. En realidad, cuanto más firmes parezcan sus cifras iniciales, más sufrirá su credibilidad a medida que usted se aparte de ellas. Es más seguro, e igualmente eficaz, decir algo así: "Bueno, un factor que debemos considerar es lo que otros están pagando por un trabajo de esta clase. En Nueva York, por ejemplo, pagan 18 dólares por hora. ¿Cómo le parece eso?" Con este tipo de planteamiento usted establece a la vez una norma y una cifra sin comprometerse en absoluto.

La estrategia depende de la preparación. Vale la pena que usted conozca dos conceptos generales acerca de la estrategia. El primero: En la mayoría de los casos, la estrategia depende de la preparación. Si usted está bien preparado, la estrategia saldrá a flote por sí sola. Si conoce bien las normas que hay que aplicar a su negociación, verá con claridad cuáles debe discutir usted y cuáles podría plantear la otra parte. Si consideró detalladamente sus intereses, sabrá cuáles debe mencionar desde un principio y cuáles dejar para más adelante o no mencionar en absoluto. Y si presentó su MAAN de antemano, sabrá cuándo dar el paso definitivo.

El segundo concepto: Una estrategia inteligente no compensa la falta de preparación. Si usted diseña una estrategia detallada cuyo fin es dejar sin calcetines a la otra parte, tendrá problemas si su oponente se presenta sólo con sandalias. Su estrategia puede estar basada en la discusión inicial de los problemas de la relación, pero puede suceder que su oponente desee hablar de los MAAN. Como es imposible saber cuál ha de ser la estrategia de la otra parte, conocer el terreno es mucho mejor que hacer planes para tomar un determinado sendero a través del bosque.

Octava pregunta: "Concretamente, ¿cómo pasar de inventar alternativas a contraer compromisos?"

Hemos dado muchos consejos sobre la manera de desarrollar alternativas inteligentes y mutuamente satisfactorias, y sobre la manera de evitar o contrarrestar los problemas relacionados con la persona misma. Pero aún queda esta pregunta: ¿Cómo lograr concluir los asuntos? En nuestra opinión, no existe un proceso específico, pero sí unos principios generales que vale la pena considerar:

Piense desde el principio en el cierre. Antes de comenzar a negociar, conviene imaginar cómo sería un acuerdo exitoso. Esto le ayudará a ver con claridad los problemas que debe discutir durante la negociación y lo que deberá hacerse para resolverlos. Imagine cómo será la ejecución del acuerdo. ¿Cuáles aspectos deberán resolverse? Luego vuelva sobre sus pasos. Pregúntese cómo podrá su oponente explicar y justificar el acuerdo frente a las personas a quienes representa. ("Estaremos entre el 10% de los trabajadores mejor pagados del sector eléctrico en Ontario". "Acordamos pagar un valor inferior al establecido por dos de los tres peritos".) Piense lo que usted necesitará para hacer eso mismo. Luego piense qué tipo de acuerdo les permitirá a ambos expresarse de esa manera ante las personas a quienes representan. Por último, piense qué necesitará para convencer a su oponente — o para convencerse usted — de que debe aceptar el acuerdo propuesto en lugar de seguir negociando.

Tenga presentes estos interrogantes durante todo el proceso de negociación, y modifique y complemente su visión del panorama con la información que vaya surgiendo. Si usted se concentra de esta manera en su meta, podrá mantener la negociación en el camino productivo.

Diseñe un acuerdo que sirva de marco de referencia. En las negociaciones encaminadas a producir un convenio escrito, es buena idea hacer un bosquejo preliminar del convenio durante la fase de preparación. Ese "marco de referencia" tiene la forma de un acuerdo, pero con espacios en blanco para cada una de las condiciones que se deberán establecer a través de la negociación. La forma de compra-venta que usan las compañías inmobiliarias es un buen ejemplo de un marco de referencia. En otros casos es suficiente una lista de encabezamientos. Trabajar de antemano en un marco de referencia, detallado o no, le ayudará a no olvidar los puntos importantes durante la negociación. Ese arreglo puede servir de punto de partida o de agenda de negociación, y le servirá a usted para usar el tiempo con eficiencia.

Tenga usted o no tenga un marco de referencia, es razonable redactar los posibles términos del convenio a medida que avancen las negociaciones. De esta manera no se apartarán del camino, podrán poner sobre la mesa puntos importantes que de otra manera se podrían pasar por alto, y tener una idea del progreso alcanzado. El ejercicio de ir redactando el convenio también sirve para llevar un registro escrito de lo que se ha dicho y evitar así el riesgo de un malentendido posteriormente. Si usted tiene un marco de referencia, lo único que tendrá que hacer es llenar los espacios en blanco a medida que se vaya resolviendo cada punto; o si no se ponen de acuerdo, quizás tenga que redactar distintas alternativas.

Avance gradualmente hacia el compromiso. A medida que progrese la negociación y se discutan las alternativas y las normas aplicables a cada punto, busque una propuesta que refleje todos los puntos planteados y concilie de la mejor manera posible los intereses de ambas partes con respecto a dichos puntos. Si no han podido llegar a un acuerdo sobre una alternativa aceptable para ambos, traten de reducir el número de opciones y pasen a otro punto. Es posible que más adelante ideen una alternativa más favorable o alguna manera de transigir. ("Está bien. Entonces, pensemos en 28 000 o 30 000 dólares como salario. ¿Y cuál será la fecha de iniciación?")

Para estimular la tempestad de ideas conviene acordar desde un principio que todos los compromisos sean tentativos. De esta manera tendrán una idea del progreso de la negociación sin el efecto negativo de pensar que todas las alternativas planteadas puedan ser consideradas como un compromiso definitivo. No tienen nada de malo los compromisos tentativos, y no se deben modificar sin razón. Lo importante es poner en claro que usted no piensa comprometerse a nada mientras no haya visto el paquete definitivo. En la parte superior del acuerdo preliminar podría escribir, por ejemplo: "Borrador tentativo — Sin compromisos".

El proceso de avanzar hacia el acuerdo rara vez es lineal. Esté preparado para repasar varias veces la misma lista de problemas y volver repetidas veces a un determinado punto y al paquete total. Los puntos problemáticos se pueden revisar varias veces o se pueden dejar para el final, cuando sea posible el avance gradual. Evite exigir perentoriamente o ser inflexible durante el proceso. Ofrezca alternativas y pídale al oponente su opinión. ("¿Cómo le parecería un acuerdo basado en este borrador? No estoy seguro de poder vendérselo a mi gente, pero podría ser un comienzo. ¿Le serviría a usted algo como esto? Si no, ¿cuáles modificaciones debemos hacer?")

Sea persistente en velar por sus intereses, pero no insista tercamente en una determinada solución. Una manera de ser firme sin mostrarse parcializado hacia una posición es separar sus intereses de las maneras de satisfacerlos. Cuando cuestionen su propuesta, no la defienda; explique de nuevo sus intereses básicos. Pregúntele a su oponente si tiene una idea mejor para satisfacer dichos intereses, al igual que los propios de él. Si parece que hay un conflicto imposible de resolver, pregunte por qué razón los intereses de una de las partes deban prevalecer sobre los de la otra.

A menos que su oponente presente un caso convincente para rechazar y modificar lo que usted ha propuesto, aférrese a su análisis. En caso de que a usted lo persuadan, y no antes, modifique su posición, pero no sin antes explicar su razonamiento. ("Bueno, ese punto es acertado. Una manera de medir ese factor sería...") Si se preparó bien, seguramente habrá previsto la mayoría de los argumentos que pueda presentar la otra parte, y sabrá qué efecto pueden producir en el resultado.

La meta en todo momento es evitar disputas inútiles. En los casos en que persistan las discrepancias, busque un acuerdo de segunda línea — es decir, un acuerdo sobre el desacuerdo. Cerciórese de que los intereses y los motivos de ambas partes sean claros. Como siempre, trate de conciliar los intereses en conflicto recurriendo a normas externas o a alternativas creativas. Trate de conciliar las normas en conflicto mediante criterios para evaluar cuál es la más apropiada, o mediante canjes creativos. Sea persistente.

Haga una oferta. Llega el momento en que es poco lo que se obtiene tratando de aclarar intereses, inventar alternativas y analizar normas. Una vez que se haya explorado a fondo un problema o grupo de problemas, usted debe estar preparado para hacer una oferta. Debe limitar la primera oferta a un par de puntos esenciales. ("Yo aceptaría cerrar el trato el 30 de junio si el pago inicial no es superior a los 50 000 dólares".) Esas ofertas parciales se pueden combinar posteriormente para formar una propuesta más amplia.

La oferta no debe ser sorpresiva. Debe desprenderse como consecuencia natural de lo que se ha discutido hasta ese momento. No tiene por qué ser una propuesta de "tómelo o déjelo", pero tampoco una posición inicial. Debe ser una oferta que usted considere que tiene sentido para ambas partes, de acuerdo con lo que ha tenido lugar hasta entonces. Muchas veces, se llega a un acuerdo definitivo cuando se hace una oferta completa.

Piense cómo y dónde debe presentar su oferta. Si las discusiones han tenido lugar en público o en grupos grandes, usted podría buscar una ocasión más privada para explorar los compromisos definitivos. La mayoría de los acuerdos se logran durante encuentros personales de los dos negociadores principales, aunque el cierre formal se realice posteriormente en un foro abierto.

Si el acuerdo parece lógico pero hay algunos puntos sin resolver, busque procedimientos justos para facilitar el cierre. Si se parte la diferencia que hay entre cifras arbitrarias, el resultado será arbitrario. Pero partir la diferencia entre cifras basadas en normas legítimas, independientes y convincentes, es una buena manera de llegar a un resultado justo. Otro modo de resolver las diferencias que no se han podido saldar es que una de las partes, o ambas, inviten a un tercero a participar en el diálogo para que, tras varias consultas individuales, haga una recomendación final, como "última oportunidad".

Sea generoso hasta el final. Cuando se dé cuenta de que el acuerdo está próximo, piense en concederle a la otra parte algo que sea de importancia para ella pero que no implique apartarse de la lógica básica de su propuesta. Hágale saber que se trata de un gesto final y no de crear falsas expectativas acerca de más concesiones. Mejorar de esa manera una oferta quizás sea todo lo que haga falta para eliminar las dudas de último momento y asegurar el resultado.

Lo que usted desea es que su oponente deje la mesa de negociaciones satisfecho y considerando que fue tratado con justicia. Esa sensación puede representarle a usted grandes beneficios durante la fase de ejecución del acuerdo y para cualesquiera negociaciones futuras.

Novena pregunta: "¿Cómo puedo poner en práctica estas ideas sin correr mucho riesgo?"

Tal vez usted esté convencido de la lógica de este sistema pero aún tenga dudas sobre su propia capacidad para ponerlo en práctica lo suficientemente bien como para obtener mejores resultados que con su sistema actual. ¿Qué puede hacer para ensayar estas ideas sin correr mucho riesgo?

Comience en pequeño. Pruebe en las negociaciones en que no haya mucho en juego, en que su MAAN sea bueno, en que las normas sean objetivas, favorables y pertinentes, y en que haya probabilidad de que la otra parte acceda a este enfoque. Comience con ideas que pueda desarrollar de acuerdo con sus capacidades actuales, y luego ensaye las ideas nuevas, una por una. A medida que adquiera confianza y experiencia podrá arriesgarse un poco más y probar nuevas técnicas en contextos más delicados y desafiantes. No es necesario probar todo al mismo tiempo.

Haga una inversión. Hay quienes juegan al tenis toda la vida, y nunca mejoran. Son personas que no están dispuestas a revisar lo que hacen o a pensar en cambiar. Los buenos jugadores reconocen que, para mejorar, muchas veces es necesario invertir en nuevos enfoques. Es probable que empeoren su juego mientras luchan con nuevas y desconocidas técnicas pero, con el tiempo, superan su desempeño anterior. Las nuevas técnicas ofrecen más potencial a largo plazo. Usted debe hacer lo mismo en las negociaciones.

Revise su desempeño. Después de cada negociación importante programe un tiempo para analizar su desempeño. ¿Qué cosa produjo buen resultado? ¿Qué cosa no lo produjo? ¿Qué podría haber hecho usted de otra manera? Piense en llevar un diario de las negociaciones para releerlo periódicamente.

¡Prepárese! El poder de negociación, como decimos más adelante, no es algo de lo cual se tenga determinada cantidad para aplicar en cualquier momento con un propósito especial. Es necesario hacer un esfuerzo deliberado de antemano, a fin de utilizar todos los recursos para elaborar un argumento convincente en determinada situación. En otras palabras, se necesita preparación. Prepararse debidamente no implica riesgo alguno. Para ello sólo se requiere tiempo. Cuanto mejor se prepare, mayores serán sus oportunidades de aplicar estas ideas y servirse de ellas.

Planifique la manera de construir y mantener una buena relación de trabajo con la otra parte. Haga una lista de sus intereses y de los intereses de la otra parte. Luego invente una lista de alternativas para satisfacer la mayor cantidad posible de esos intereses. Busque distintos criterios externos que sirvan para convencer a un tercero razonable de lo que debe hacerse. Piense qué argumentos le gustaría poder plantear y si puede encontrar los hechos y la información necesarios para sustentarlos. Piense también en los criterios que la otra parte pueda considerar convincentes para sustentar un acuerdo ante las personas a quienes representa. Si es difícil para los negociadores de la otra parte justificar las condiciones del convenio ante sus representados, es poco probable que se logre un acuerdo con esas condiciones. Y considere qué compromisos le gustaría que cada una de las partes contrajera. Diseñe un posible acuerdo de referencia.

En algunos casos, usted podría pedirle a un amigo que le ayude a ensayar una negociación, haciendo él el papel del oponente; o usted puede hacer el papel del oponente, y su amigo, el de usted (debidamente aleccionado). Hacer el papel de la otra parte y escuchar sus propios argumentos desde el otro extremo es una manera excelente de poner a prueba su caso. También podría pedirles ayuda a sus amigos, a otros negociadores de mayor experiencia, o a algún asesor profesional.

Las negociaciones se parecen a los deportes en muchos sentidos: algunas personas tienen un talento natural y, como los mejores deportistas, aprovechan al máximo la preparación, la práctica y la asesoría. Pero quienes tienen menos talento natural necesitan más preparación, más práctica y más feedback, y tienen mucho que ganar con ello. Cualquiera que sea la categoría a la cual usted pertenezca, tiene mucho que aprender y ningún esfuerzo lo hará en vano. La decisión es suya.

Preguntas acerca del poder

Décima pregunta: "¿Mi manera de negociar realmente puede cambiar las cosas cuando la otra parte tiene más poder?" Y "¿Cómo mejorar *mi* poder de negociación?"

La manera de negociar usted (y la manera de prepararse para negociar) puede significar una diferencia *enorme*, cualesquiera que sean los puntos fuertes de cada una de las partes.

Hay cosas que no se pueden conseguir.

Por muy grande que sea su habilidad, lo que usted puede conseguir por medio de la negociación tiene límites. Ni el mejor negociador del mundo podría comprar la Casa Blanca. No pretenda tener éxito en la negociación si no pude hacerle a la otra parte una oferta que sea más atractiva que su mejor alternativa para un acuerdo negociado (MAAN). Si parece que eso es imposible, entonces no tiene sentido la negociación. Es mejor que se concentre en mejorar su propia alternativa, y quizá en hacer cambiar la de la otra parte.

Su manera de negociar puede significar una gran diferencia.

En toda situación en que *realmente* exista la posibilidad de llegar a un acuerdo negociado, la manera de negociar puede determinar la diferencia entre acordar unas condiciones o no, o entre un resultado favorable para usted y otro que sea apenas aceptable. La manera de negociar puede determinar la diferencia entre aumentar los beneficios para ambas partes o sencillamente repartir los que ya existen, y entre tener una relación buena con el oponente o una relación tensa. En las situaciones en que la otra parte parece que tiene todas las cartas, la manera de negociar es absolutamente crítica. Suponga usted, por ejemplo, que está negociando una excepción a una regla o una oferta de trabajo. Desde un punto de vista realista, no tendrá mayores recursos si la otra parte se niega a aceptar su solicitud y tampoco gran cosa que ofrecer si le otorga lo que usted pide. En un caso como ése, todo dependerá de su habilidad para negociar. Por muy pequeña que sea la oportunidad de tener éxito, la manera de negociar será su único medio para aprovechar esa oportunidad.

Los "recursos" no son lo mismo que el "poder de negociación".

El poder de negociación es la capacidad de convencer a alguien de que haga algo. Aunque los Estados Unidos son un país rico y además tienen muchas bombas nucleares, ninguna de las dos cosas les ha servido de mucho para poner freno a las actividades terroristas o liberar rehenes cuando éstos han sido retenidos en ciudades como Beirut. El que usted pueda obtener poder de negociación a través de sus recursos depende del contexto — de la persona a quien trata de convencer y de lo que desea lograr de ella.

No pregunte quién es más poderoso.

Tratar de determinar cuál de las dos partes es la más "poderosa" es arriesgado. Si usted llega a la conclusión de que usted es más poderoso, podría bajar la guardia y no prepararse como es debido. Por otra parte, si llega a la conclusión de que usted es más débil que su oponente, podría desalentarse y no poner suficiente empeño en buscar la manera de convencerlo. Cualquiera que sea su conclusión, no le servirá para saber cuál es la mejor manera de proceder.

En realidad, es mucho lo que se puede hacer para mejorar el poder de negociación cuando la balanza del poder se inclina más hacia un lado. Desde luego, habrá situaciones en las cuales la otra parte tiene las mejores cartas, al menos a corto plazo. Pero en este mundo, en que la interdependencia es cada vez mayor, casi siempre hay recursos y posibles aliados que un negociador hábil y persistente puede aprovechar, al menos para desplazar el fulcro, aunque no pueda inclinar la balanza del poder completamente hacia el otro lado. Pero no podrá aprovechar esos recursos si no prueba.

Hay personas que prefieren sentirse impotentes y creer que no pueden hacer nada para cambiar la situación. Esa creencia les ayuda a evitar el sentimiento de ser responsables o culpables de inacción. También es una manera de evitar los costos de tratar de cambiar la situación — el esfuerzo y el riesgo de fracasar, y la consiguiente vergüenza. Pero aunque esta manera de sentir es comprensible, no sirve para modificar la realidad de lo que se podría lograr mediante una negociación eficaz. Es una actitud derrotista que no lleva a nada.

La mejor regla es ser optimista — aspirar a más de lo que se puede lograr en la práctica. Sin desperdiciar muchos recursos en causas perdidas, reconozca que hay muchas cosas por las cuales vale la pena luchar aunque al final nada se logre. Cuanto más aspire a conseguir, más obtendrá al final. Los estudios sobre negociaciones demuestran, una y otra vez, una estrecha correlación entre las aspiraciones y los resultados. Sin salirse de los límites de la razón, paga ser positivo.

Son muchas las fuentes del poder de negociación

¿Qué hay que hacer para mejorar el poder de negociación? Todo este libro es un esfuerzo por contestar esa pregunta. Son muchas las fuentes del poder de negociación. Una de ellas es tener un buen MAAN. Es muy persuasivo decir que usted tiene una alternativa mejor, siempre que la otra parte le crea. Además, cada uno de los cuatro elementos del método descrito en la segunda parte de este libro — las personas, los intereses, las opciones y los criterios objetivos — son una fuente de poder para negociar. Si la otra parte es fuerte en un campo, usted puede tratar de desarrollar poder en otro campo. A estas cinco cosas podríamos agregar una más, el poder de un compromiso.

Desarrollar una buena relación de trabajo con la otra parte es una manera de conseguir poder. Si usted comprende a su oponente y él lo comprende a usted; si hay lugar para las emociones y una atmósfera de respeto a pesar del desacuerdo; si hay una buena comunicación porque ambas partes escuchan; y si los problemas de personalidad se manejan directamente sin exigir ni ofrecer concesiones sobre puntos esenciales, es muy probable que las negociaciones sean más eficaces y más favorables para ambas partes. En este sentido, el poder de negociación no es un fenómeno en el cual la suma es cero. El hecho de que la otra parte tenga más poder de negociación no necesariamente significa que usted tenga menos. Cuanto mejor sea la relación de trabajo, mejor será la posición de cada una de las partes para influir en la otra.

Contrariamente a lo que piensan algunos, usted se puede beneficiar del hecho de que la otra parte esté en mejor posición para influir en usted. Dos personas que tienen una reputación bien merecida de ser dignas de confianza están en mejor posición de ejercer mutua influencia que dos personas conocidas por su deshonestidad. El hecho de que usted pueda confiar en la otra parte le da a ésta mayor poder para influir en usted. Pero también usted se beneficia puesto que tiene la seguridad de que cualquier acuerdo al que puedan llegar será favorable para ambos.

La buena comunicación es una fuente muy importante de poder de negociación. Su poder de persuasión será mayor si articula su mensaje con vigor, si escucha a la otra parte y si da muestras de haber tomado nota de lo que ha oído. John F. Kennedy era justamente famoso por su habilidad para producir unos mensajes vigorosos: "Nunca negociemos por temor, pero nunca temamos negociar".*

No es necesario que un mensaje sea inequívoco para que se entienda perfectamente y sea eficaz. En muchos casos, si usted le ayuda a la otra parte a entender su pensamiento — aunque estén discrepando en algo — puede mitigarle los temores, aclararle percepciones erróneas y promover la solución conjunta de problemas. Tomemos el ejemplo del proveedor que presenta la que considera una oferta competitiva para un contrato. Al comprador le agrada la oferta, pero teme que la compañía del oferente, que es nueva en el mercado, no pueda manejar los volúmenes durante la época de mayor

---

*Discurso de posesión 20 de enero de 1961.

demanda. Si el comprador se limita a decir "No, gracias" y firma un contrato más costoso con otra compañía, es probable que el postor piense que su oferta sencillamente no fue buena, con lo cual no tendría oportunidad alguna para convencer al comprador de que sí tiene la capacidad de manejar los volúmenes requeridos. Sería mejor para ambos que el comprador manifestara abiertamente su interés en la oferta y también sus temores.

Saber escuchar es una manera de aumentar el poder de negociación porque así se obtiene mayor información sobre los intereses de la otra parte o sobre posibles opciones. Cuando usted comprende los sentimientos y temores de la otra parte, puede tomar medidas para contrarrestarlos, explorar áreas de acuerdo y de desacuerdo, y desarrollar unas estrategias útiles para proceder en el futuro. Piense, por ejemplo, en el anciano cuyos médicos deseaban trasladarlo del hospital donde se encontraba a otro con instalaciones especializadas. Los médicos trataron repetidas veces de explicarle que el hospital especializado sería mejor para él, pero el anciano se negaba a moverse. Sabiendo que esa actitud era perjudicial para él, los médicos hicieron caso omiso de su razonamiento por considerarlo irrazonable. Sin embargo, uno de los internos tomó en serio al anciano y lo escuchó atentamente para averiguar por qué no quería que lo trasladaran. El paciente contó que él había sido abandonado varias veces en la vida y manifestó el temor de que el traslado fuese otra experiencia de esa clase. El interno se dedicó a sacarlo de su error, y el paciente finalmente aceptó el traslado de buen grado.

Hacerle saber a su oponente que usted escuchó lo que le dijo es otra manera de aumentar el poder de persuasión. Si la otra parte siente que usted prestó atención, estará más dispuesta a escuchar lo que *usted* tiene que decir. Es relativamente fácil escuchar cuando el otro dice algo con lo cual uno está de acuerdo, y es difícil escuchar cuando uno no está de acuerdo. Sin embargo, el mejor resultado se obtiene en el segundo caso. Escuche antes de replicar. Indague. Cerciórese

de haber comprendido bien el punto de vista de la otra parte
y de que ésta sepa que usted entendió. Una vez que la otra
parte esté segura de que usted comprendió lo que ella dijo, no
podrá rechazar las discrepancias de usted como simple falta
de comprensión.

Comprender los intereses del otro da poder. Cuanto más
clara sea su idea de los intereses de la otra parte, mejor podrá
satisfacerlos a un costo mínimo. Trate de descubrir los intereses intangibles u ocultos que puedan ser importantes. En el
caso de los intereses concretos como el dinero, pregunte qué
hay detrás de ellos. ("¿Para qué emplearán el dinero?")
Algunas veces, hasta la posición más firme e inaceptable
refleja un interés subyacente, que podría ser compatible con
el de usted.

Tomemos el ejemplo del empresario que deseaba comprar
una radio-emisora. El dueño mayoritario estaba dispuesto a
vender sus dos terceras partes por una cifra razonable, pero
la dueña minoritaria (y gerente de la emisora en ese momento)
exigía un precio exorbitante por su tercera parte. El empresario había elevado su oferta varias veces, sin conseguir nada,
y estaba comenzando a pensar que era mejor olvidarse de ese
negocio. Por último, decidió indagar un poco más para
descubrir los intereses de la segunda propietaria. Se enteró de
que ella estaba menos interesada en el dinero que en continuar
dirigiendo la radio-emisora. El empresario ofreció comprar
sólo la parte de ella que necesitaba por razones tributarias y
conservarla en calidad de gerente. La segunda propietaria
aceptó la oferta a un precio que le ahorró al empresario casi
un millón de dólares. El hecho de haber comprendido la
motivación subyacente le sirvió enormemente para fortalecer
su poder de negociación.

Inventar una opción elegante da poder. Una exitosa
tempestad de ideas le aumenta a usted la capacidad de influir
en los otros. Una vez que usted entienda los intereses de
ambas partes puede — como en el ejemplo anterior de la
radio-emisora — inventar una manera inteligente de acoplar

esos intereses. A veces eso se puede lograr mediante una opción ingeniosa.

Tomemos el ejemplo de la subasta de sellos de correo. El subastador prefiere que los postores presenten en sobre sellado la oferta del máximo precio que están dispuestos a pagar por los sellos. Sin embargo, ninguno de los posibles compradores desea pagar más de lo necesario. En las subastas de sobre cerrado, cada postor por lo general trata de ofrecer un poco más de lo que cree que será la oferta de otros, la cual suele ser inferior a la que él está dispuesto a pagar. Pero en filatelia, las reglas establecen que el mejor postor se lleva los sellos al precio de *la segunda* oferta más alta. Los compradores pueden ofrecer sin problema *exactamente* la suma que están dispuestos a pagar porque el subastador garantiza que *no tendrán que pagarla*. Ninguno de los postores sale pensando que quisiera haber ofrecido más, y el que ofreció el mayor precio paga con gusto una suma inferior a la que ofreció. El subastador queda satisfecho al saber que la diferencia entre la oferta más alta y la siguiente generalmente es menor que el aumento global del nivel de ofertas en este sistema, comparado con cualquier otra subasta de sobre sellado.*

Recurrir a normas externas de legitimidad da poder. Uno puede emplear las normas de legitimidad como espada para persuadir a otros, y también como escudo para defenderse de las presiones que hacen para que uno ceda, arbitrariamente. ("Me gustaría darle el descuento, pero éste es un precio fijo. Es lo que pagó General Motors por la misma pieza la semana pasada; aquí está la factura de venta".) Así como recurriendo a un precedente y a los principios aplicables los abogados adquieren mayor capacidad para persuadir a un juez, también

---

*Un proceso similar a éste se puede usar en todo tipo de situaciones en las que se debe escoger entre varias alternativas, incluso cuando se trata de un tema tan delicado como dónde instalar un botadero para desechos peligrosos. Véase Howard Raiffa, *A Hypothetical Audience About a Very Real Problem*. Programa de Negociación, Facultad de Derecho de Harvard, documento de trabajo No.85-5.

el negociador puede mejorar su poder de negociación recurriendo a precedentes, principios y otros criterios externos de equidad, y buscando la mejor manera de presentarlos con determinación y eficacia: "No estoy pidiendo ni más ni menos de lo que usted les paga a otros por el mismo tipo de trabajo". "Pagaremos lo que vale la casa si está dentro de nuestras capacidades. Estamos ofreciendo el precio por el cual se vendió el mes pasado una casa semejante en el mismo vecindario. A menos que usted nos explique razonablemente por qué esta casa vale más, no cambiaremos nuestra oferta". Uno de los argumentos más poderosos es convencer a la otra parte de que usted no está pidiendo más de lo que es justo.

Tener un buen MAAN da poder. Tal como lo expusimos en el capítulo 6, una manera fundamental de aumentar el poder de negociación es fortaleciendo la alternativa que le permita a uno retirarse del acuerdo. Un MAAN atractivo es contar con un argumento sólido con el cual convencer a la otra parte de que debe ofrecer más. ("La compañía de al lado me ofreció el 20% más de lo que estoy ganando ahora. Considerando el costo de vida, aunque preferiría quedarme aquí, si no obtengo un buen aumento de sueldo pronto, tendré que pensar en la posibilidad de irme. ¿Qué cree usted que podría hacer?")

Además de fortalecer su MAAN (lo que haría en caso de no llegar a un acuerdo a través de la negociación), es conveniente tener preparada una "microalternativa" — la cual utilizaría en caso de que no llegarán a un acuerdo *en esta reunión*. Sirve para trazar de antemano una buena ruta de escape en caso de que la reunión no llegue a nada. ("Gracias por compartir sus opiniones conmigo y por escuchar las mías. En caso de que decida seguir adelante, me pondré en contacto con usted, quizás con una nueva propuesta".)

Algunas veces es posible, muy legítimamente, empeorar el MAAN de la otra parte. Por ejemplo, un padre de familia a quien conocemos trataba un día de convencer a su hijo de que cortara el césped. Le ofreció una suma apreciable, pero de nada le sirvió. Por último, el hijo, sin darse cuenta, reveló su mejor alternativa: "Pero, papá, no necesito podar el césped para conseguir dinero. Tú dejas la, eh..., billetera en el armario los fines de semana...''. El padre no perdió un minuto para dejar sin piso el MAAN de su hijo cerciorándose de no dejar la billetera por ahí y dándole a entender que desaprobaba que tomara el dinero sin pedir permiso; el hijo comenzó a podar el césped. La táctica de dañar el MAAN del ótro puede usarse para coaccionar o para explotar, pero también para garantizar un resultado justo. Todo esfuerzo por mejorar las alternativas propias y por restarles fuerza a las de la otra parte es vital para mejorar el poder de negociación.

Establecer un compromiso bien pensado da poder. Hay otra fuente de poder que merece atención: el poder de contraer compromisos. Son tres las maneras de aumentar el poder de negociación por este medio: Comprometerse a hacer algo mediante una oferta firme; comprometerse, con cautela, a no hacer algo; aclarar con precisión qué compromisos le gustaría que contrajera la otra parte.

Aclare lo que está dispuesto a hacer. Una manera de aumentar el poder de negociación es hacer una oferta firme y oportuna. Cuando usted hace una oferta firme, proporciona la alternativa de que aceptará, poniendo en claro, al mismo tiempo, que no por ello excluye la posibilidad de discutir otras opciones. Si desea convencer a alguien de que acepte un trabajo, no se limite a hablar de él; haga una oferta. Así renuncia a la oportunidad de luchar por mejores condiciones, pero gana al simplificarle la decisión a la otra parte y facilitarle el compromiso. Para llegar a un acuerdo lo único que debe hacer la otra parte es decir: "Acepto''.

Ofrecer lo que está dispuesto a hacer en caso de que la otra parte acepte las condiciones que le propone es una manera de superar los temores que ella pueda tener de recorrer un terreno peligroso. Sin una oferta clara, hasta una situación dolorosa puede ser preferible a tener que aceptar un trato a ciegas, en particular si la otra parte teme que cualquier indicio favorable pueda alentarlo a usted a pedir más. En 1990, el Consejo de

Seguridad de las Naciones Unidas quiso inducir a Irak a retirarse de Kuwait imponiéndole unas sanciones. Las resoluciones del Consejo establecían claramente que Irak debía retirarse pero *no* estipulaban que con el retiro cesarían las sanciones. Saddam Hussein, creyó que las sanciones continuarían después de su retiro de Kuwait, y no vio en ellas, por desagradables que fueran, incentivo alguno para abandonar el territorio ocupado.

Cuanto más concreta la oferta, más convincente. Así, una oferta por escrito puede ser más verosímil que una verbal. (Conocemos un agente de bienes raíces a quien le gusta inducir al cliente a hacer una oferta colocando rollos de billetes de cien dólares sobre la mesa.) También es útil plantear la oferta como una "oportunidad evanescente", señalando cuándo y cómo expira. Por ejemplo, la posesión del presidente Reagan en 1981 creó una oportunidad evanescente en las negociaciones por la liberación de los diplomáticos que permanecían en calidad de rehenes en Irán. Los iraníes no deseaban tener que comenzar las negociaciones desde cero con una nueva administración.

En algunos casos, usted podría aclarar lo que piensa hacer si la otra parte no acepta su propuesta. Es posible que la otra parte no haya visto con claridad las consecuencias que le acarrearía el MAAN de usted. ("Si no nos conectan la calefacción en el apartamento esta noche, tendré que llamar a la línea de emergencia del Departamento de Salud. ¿Sabe usted que cuando contestan y descubren que un casero ha violado los estatutos la multa es de 250 dólares?")

Considere la posibilidad de comprometerse a no hacer algo. A veces podrá convencer a la otra parte para que acepte una oferta superior a el MAAN de ella, convenciéndola de que usted no puede o no quiere ofrecer más ("Tómelo o déjelo"). Con esto no sólo hace usted una oferta sino que se ata las manos para no cambiarla. Como dijimos en el capítulo 1, obstinarse en una posición tiene un costo apreciable; obstinarse prematuramente es limitar la comunicación, y ello entraña el riesgo de dañar la relación al hacer que la otra parte se sienta subestimada o forzada. Pero el riesgo es menor cuando uno se obstina en una posición después de haber entendido los intereses de la otra parte y de haber explorado las opciones de beneficio común. Además, será menos dañino para su relación tener razones verosímiles independientes de su deseo de explicar y de justificar su inflexibilidad.

En algún momento podría ser mejor poner sobre la mesa una oferta definitiva con toda la intención de cumplirla. Así usted podrá influir en la otra parte al empeorarle su micro-MAAN. Si la otra parte no acepta, cierra toda posibilidad de llegar a un mejor acuerdo con usted.

Aclare lo que espera de la otra parte. Es muy conveniente que tenga una idea clara de las condiciones del compromiso que desea obtener de la otra parte. De esta manera, su exigencia tendrá sentido. Sería desastroso que al decir "Susana, prométeme que no me interrumpirás *nunca más* mientras esté hablando por teléfono'', ella llegara a cumplir literalmente su promesa en caso de una emergencia. Es preciso evitar un compromiso descuidado que sea demasiado amplio, que no sea obligatorio para la otra parte, que omita información crucial o que sea inoperante.

En especial en los casos en que uno desea que el otro *haga* algo, es sensato expresar con precisión ese algo. De lo contrario, es probable que él no haga nada porque no desea hacer más de lo que tiene que hacer. Por ejemplo, en el otoño de 1990, los Estados Unidos vieron minada su capacidad de influir en Saddam Hussein por la ambigüedad con que el país expresó lo que le sería satisfactorio. En diferentes momentos consideró que eran objetivos posibles el retiro de las tropas iraquíes de Kuwait, la destrucción de las instalaciones nucleares de Irak, el desmantelamiento de la capacidad militar iraquí y el derrocamiento de Saddam Hussein.

Aproveche al máximo su potencial de poder.

Para obtener lo máximo de su poder potencial de negociación utilice cada fuente de poder en armonía con las demás fuentes. A veces los negociadores buscan su fuente de mayor poder y tratan de utilizar sólo ésta. Por ejemplo, si un negociador tiene un muy buen MAAN podría enfrentar a la otra parte esgrimiéndola, y amenazar con desistir del negocio si no le acepta la oferta final. Es probable que esto les reste poder de persuasión a los argumentos del negociador porque la otra parte podría dudar de la honestidad de la oferta. Si usted va a comunicar su MAAN, más vale que lo haga de manera tal que no lesione la relación, que deje abierta la posibilidad de una comunicación eficaz, que destaque la legitimidad de su última oferta, que indique de qué manera esa oferta satisface los intereses del otro, etc. El impacto total de su poder de negociación será mayor si usa cada uno de los elementos para reforzar los otros.

Usted será también mejor negociador si cree en lo que dice y en lo que hace. Cualquiera que sea el uso que pueda hacer de las ideas que aparecen en este libro, no las use como si estuviera usando ropa ajena. Ajuste y adapte todo lo que hemos dicho hasta que encuentre un enfoque que tenga sentido y con el cual se sienta a gusto. Tal vez usted necesite experimentación y un período de adaptación, lo cual no es muy cómodo, pero al final podrá desarrollar al máximo su poder de negociación si cree en lo que dice y dice lo que cree.

Tabla analítica
de contenido

Agradecimientos   VII
Introducción   XIII

I. EL PROBLEMA

1. No negocie con base en las posiciones   3

La discusión sobre posiciones produce acuerdos insensatos   5
La discusión sobre posiciones es ineficiente   6
La discusión sobre posiciones pone en peligro una relación   7
Cuando hay muchas partes, la negociación basada en posiciones
   es todavía peor   7
Ser amable no es la solución   8
Existe una alternativa   10

II. EL METODO

2. Separe las personas del problema   21

Antes que todo los negociadores son personas   23
Todo negociador tiene dos tipos de intereses: en la sustancia y en la
relación   24

   La relación tiende a confundirse con el problema   25

Las negociaciones basadas en posiciones ponen la relación y la sustancia en conflicto 25
Separe la relación de lo sustancial; enfréntese directamente con el problema de las personas 26

Percepción 27

Póngase en el lugar del otro 28
No deduzca sus intenciones con base en sus temores 30
No los culpe por su problema 31
Comenten las mutuas percepciones 31
Busque oportunidades de ser inconsistente con sus percepciones 32
Haga que les interese el resultado dándoles participación en el proceso 33
Quedar bien: Haga que sus propuestas sean consistentes con sus valores 34

Emoción 35

Primero reconozca y comprenda las emociones, las de ellos y las suyas 36
Procure que las emociones se hagan explícitas y reconózcalas como legítimas 37
Permita que la otra parte se desahogue 37
No reaccione ante un estallido emocional 38
Use gestos simbólicos 38

Comunicación 39

Escuche atentamente y reconozca lo que dicen 41
Hable con el fin de que se le entienda 42
Hable sobre usted mismo, no sobre ellos 43
Hable con un propósito 43

Es mejor prevenir 44

Establezca una relación de trabajo 44
Enfréntese con el problema, no con las personas 45

3. Concéntrese en los intereses, no en las posiciones 47

Para que la solución sea prudente, reconcilie los intereses, no las posiciones 47
Los intereses definen el problema 48

Tras las posiciones opúestas hay intereses compartidos y compatibles, además de los conflictivos 49
¿Cómo se identifican los intereses? 51

Pregunte "¿Por qué?" 51
Pregunte: "¿Por qué no?" Piense sobre la opción del otro 52
Dese cuenta de que cada parte tiene intereses múltiples 55
Los intereses más poderosos son las necesidades humanas básicas 56
Haga una lista 58

La discusión sobre los intereses 58

Haga que sus intereses sean vivos 59
Reconozca que los intereses de ellos son parte del problema 60
Exprese el problema antes que su respuesta 60
Mire hacia adelante, no hacia atrás 61
Sea concreto pero flexible 62
Sea duro con el problema y suave con las personas 63

4. INVENTE OPCIONES DE MUTUO BENEFICIO 66

Diagnóstico 67

Juicio prematuro 68
La búsqueda de una única respuesta 69
El supuesto de un pastel de tamaño fijo 70
La creencia de que la solución del problema de ellos es problema de ellos 70

Remedio 71

Separe la invención de la decisión 71

Antes de la tormenta de ideas 72
Durante la tormenta de ideas 72
Después de la tormenta de ideas 73
Piense en la posibilidad de una tormenta de ideas con la otra parte 74

Amplíe sus opciones 77

Multiplique las opciones yendo de lo específico a lo general y viceversa: el diagrama circular 78
Mire a través de los ojos de varios expertos 81

Invente acuerdos de diferente intensidad 81
Cambie el alcance del acuerdo propuesto 82

Busque el beneficio mutuo 82

Identifique los intereses comunes 83
Complemente los intereses diferentes 85
¿Existe alguna diferencia de intereses? 86
¿Creencias diferentes? 87
¿Diferentes valoraciones del tiempo? 87
¿Previsiones diferentes? 87
¿Diferencias en la aversión ante el riesgo? 88
Pregúnteles qué prefieren 88

Haga que sea fácil para ellos decidir 89

¿En el lugar de quién? 89
¿Qué decisión? 90
Las amenazas no son suficientes 92

5. INSISTA EN QUE LOS CRITERIOS SEAN OBJETIVOS 94

La decisión sobre la base de la voluntad es costosa 94
La necesidad de usar criterios objetivos 95

*La negociación basada en principios produce acuerdos prudentes
en forma amistosa y eficiente* 96

La identificación de criterios objetivos 98

Criterios equitativos 99
Procedimientos equitativos 100

La negociación con criterios objetivos 102

*Formule cada aspecto como una búsqueda común de criterios
objetivos* 102
Pregunte "¿En qué se basa usted?" 103
Primero póngase de acuerdo sobre los principios 103
Sea razonable y escuche razones 103
Nunca ceda ante la presión 105
"Es política de la empresa" 107

III. SI, PERO...

6. ¿QUÉ PASA SI ELLOS SON MAS PODEROSOS? (ENCUENTRE SU MAAN - MEJOR ALTERNATIVA PARA NEGOCIAR UN ACUERDO) 113

Protegerse 114

   Los costos de utilizar un mínimo 114
   Conozca su MAAN 116
   La inseguridad de un MAAN desconocido 117
   Formule un sistema de alarma 118

Utilización máxima de sus ventajas 118

   Mientras mejor sea su MAAN, mayor será su poder 119
   Encuentre su MAAN 120
   Tenga en cuenta el MAAN de la otra parte 122

Cuando la otra parte es poderosa 123

7. ¿QUÉ PASA SI ELLOS NO ENTRAN EN EL JUEGO? (UTILICE EL JUJITSU DE LA NEGOCIACIÓN) 124

El jujitsu de la negociación 125

   No ataque su posición, mire detrás de ella 126
   No defienda sus propias ideas: pida que lo critiquen y lo asesoren 128
   Convierta un ataque contra usted en un ataque al problema 129
   Pregunte y haga una pausa 129

Tenga en cuenta el procedimiento con un solo texto 130
Lograr que entren en el juego: el caso de la Agencia Jones y de Frank Turnbull 135

   Un resumen del caso 136
   "Por favor, corríjame si estoy equivocado" 136
   "Le agradecemos lo que ha hecho por nosotros" 137
   "Queremos lo justo" 138
   "Nos gustaría un arreglo, basándonos en normas independientes y no en lo que el uno pueda hacerle al otro" 139

"El problema aquí no es la confianza"   140
"¿Podría hacerle algunas preguntas para ver si la información que tengo es correcta?"   141
"¿Qué principio inspira sus actos?"   142
"Permítame ver si entiendo lo que está diciendo"   142
"¿Podemos volver a conversar?"   143
"Quisiera decirle cuáles son los puntos de su razonamiento que me cuesta trabajo entender"   144
"Una de las soluciones justas podría ser..."   145
"Si estamos de acuerdo... si estamos en desacuerdo..."   146
"Nos gustaría desocupar el apartamento cuando sea más conveniente para usted"   147
"Ha sido un placer tratar con usted"   147

8. ¿QUE PASA SI ELLOS JUEGAN SUCIO? (DOME AL NEGOCIADOR IMPLACABLE)   149

¿Cómo se negocia acerca de las reglas del juego?   150

Separe la persona y el problema   151
Concéntrese en los intereses, no en las posiciones   152
Invente opciones de mutuo beneficio   152
Insista en criterios objetivos   152

Algunas tácticas engañosas comunes   152

Engaño deliberado   153
Información falsa   153
Autoridad ambigua   153
Intenciones dudosas   154
Algo menos que la verdad total no es lo mismo que una mentira   155

Guerra psicológica   156

Situaciones tensas   156
Ataques personales   157
El juego del bueno y el malo   157
Amenazas   158

Tácticas de presión desde las posiciones   159

Negativa a negociar   159
Exigencias exageradas   160

    Exigencias crecientes 161
    Tácticas de atrincheramiento 161
    El socio inconmovible 162
    Demoras premeditas 163
    "Tómelo o déjelo" 163

No sea una víctima 164

IV. PARA CONCLUIR

Usted ya lo sabía 169
Aprenda haciendo 169
"Ganar" 170

V. DIEZ PREGUNTAS QUE HACE LA GENTE SOBRE *SÍ... ¡DE ACUERDO!*

Preguntas sobre justicia y sobre la negociación basada en principios
Primera pregunta: "¿Hay *alguna* circunstancia en la que tenga sentido negociar por una posición?" 175

    ¿Cuán importante es evitar un resultado arbitrario? 175
    ¿Cuán complejos son los asuntos? 176
    ¿Cuán importante es mantener una buena relación de
    trabajo? 176
    ¿Cuáles son las aspiraciones de la otra parte y cuán difícil será
    modificarlas? 177
    ¿En qué punto de la negociación se encuentra usted? 177

Segunda pregunta: "¿Qué hacer cuando la otra parte cree en una norma de justicia diferente?" 178

    No es necesario llegar a un acuerdo sobre la "mejor" norma.
    178

Tercera pregunta: "¿Debo ser justo aunque no necesite serlo?" 179

¿Cuánto representa la diferencia para usted? 180
¿Será duradero ese resultado injusto? 181
¿Cuál podría ser el daño que un resultado injusto les causaría a esta relación o a otras relaciones? 181
¿Lo dejaría en paz su conciencia? 181

Preguntas sobre cómo tratar con la gente
Cuarta pregunta: "¿Qué debo hacer si el problema es la persona?" 182

Desarrollar una relación de trabajo sin tomar en cuenta que haya acuerdo o desacuerdo 182
Negociar la relación 184
Establezca la diferencia entre la manera de tratar usted a su oponente y la manera de tratarlo él a usted 185
Trate razonablemente lo que le parezca irrazonable 185

Quinta pregunta: "¿Debo negociar incluso con terroristas o con alguien como Hitler? ¿Cuándo tiene lógica *no* negociar?" 187

¿Negociar con terroristas? 187
¿Negociar con alguien como Hitler? 189
¿Negociar cuando las personas actúan por convicción religiosa? 190
¿Cuándo tiene lógica no negociar? 190

Sexta pregunta: "¿Cómo debo adaptar mi manera de negociar para tomar en consideración las diferencias de personalidad, género, cultura y otras?" 192

Sintonizarse con la otra parte 193
Adapte estos consejos a la situación específica 193
Preste atención a las costumbres y a la manera de pensar, pero evite hacer estereotipos de los individuos 194
Cuestione sus suposiciones a priori; escuche activamente 194

Preguntas sobre tácticas
Séptima pregunta: "¿Cómo decidir sobre aspectos tales como dónde reunirse, quién debe hacer la primera oferta y con qué cifra comenzar?" 195

¿Dónde debe ser la reunión? 195
¿Quién debe hacer la primera oferta? 196

¿En qué nivel debo comenzar? 196
La estrategia depende de la preparación 197

Octava pregunta: "Concretamente, ¿cómo pasar de inventar alternativas a contraer compromisos?" 198

Piense desde el principio en el cierre 198
Diseñe un acuerdo que sirva de marco de referencia 198
Avance gradualmente hacia el compromiso 199
Sea persistente en velar por sus intereses, pero no insista tercamente en una determinada solución 200
Haga una oferta 201
Sea generoso hasta el final 202

Novena pregunta: "¿Cómo puedo poner en práctica estas ideas sin mucho riesgo?" 202

Comience en pequeño 202
Haga una inversión 203
Revise su desempeño 203
¡Prepárese! 203

Preguntas acerca del poder
Décima pregunta: "¿Mi manera de negociar realmente puede cambiar las cosas cuando la otra parte tiene más poder?" Y "¿Cómo mejorar *mi* poder de negociación?" 204

Hay cosas que no se pueden conseguir 205
Su manera de negociar puede significar una gran diferencia 205
Los "recursos" no son lo mismo que el "poder de negociación" 206
No pregunte quién es más poderoso 206
Son muchas las fuentes del poder de negociación 207
Desarrollar una buena relación de trabajo con la otra parte es una manera de conseguir poder 207
Comprender los intereses del otro da poder 210
Inventar una opción elegante da poder 210
Recurrir a normas externas de legitimidad da poder 211
Tener un buen MAAN da poder 215
Establecer un compromiso bien pensado da poder 213
Aproveche al máximo su potencial de poder 216

Nota sobre el proyecto de negociación de Harvard

El Proyecto de Negociación de Harvard es un proyecto de investigación de la Universidad de Harvard, el cual estudia los problemas de la negociación y desarrolla y difunde métodos mejorados de negociación y mediación. Las actividades del proyecto incluyen:

Desarrollo de teoría. El proyecto ha desarrollado ideas tales como el procedimiento de mediación con un solo texto, el cual fue utilizado por los Estados Unidos en las negociaciones de paz para el Medio Oriente en Camp David en septiembre de 1978, y el método de negociación basado en principios, resumido en este libro. El proyecto es la base de las reuniones del Seminario sobre Negociación, en el cual participan los miembros del proyecto y un grupo informal de estudiosos de Harvard, MIT, y Tufts que están trabajando sobre teoría de la negociación.

Educación y entrenamiento. El proyecto desarrolla programas para profesionales (abogados, hombres de negocios, diplomáticos, periodistas, funcionarios del gobierno, dirigentes sindicales, militares y otras personas), y está trabajando en el desarrollo de cursos para estudiantes universitarios y de secundaria.

Publicaciones. El proyecto está preparando materiales prácticos, tales como *La mediación internacional: Una guía de trabajo* (de la cual existe actualmente una primera versión provisional), una lista de cotejo para negociadores, estudios de caso, y formatos diseñados para ser utilizados por negociadores y estudiantes.

Estudio de conflictos. Se invita a veces a los participantes en conflictos, tanto internacionales como domésticos, con el fin de que los miembros del proyecto, así como los participantes, puedan aprender más sobre el proceso de negociación.